die ärzte | 40 Songtexte aus Berlin

die ärzte
40 Songtexte aus Berlin

Ausgewählt, kommentiert und
mit einem Nachwort von Michael Loesl

Reclam

RECLAMS UNIVERSAL-BIBLIOTHEK Nr. 14570
2024 Philipp Reclam jun. Verlag GmbH,
Siemensstraße 32, 71254 Ditzingen
info@reclam.de

Gestaltung: Cornelia Feyll, Friedrich Forssman
Umschlagabbildung: © Bela B
Druck und Bindung: Esser printSolutions GmbH,
Untere Sonnenstraße 5, 84030 Ergolding
Printed in Germany 2025
RECLAM, UNIVERSAL-BIBLIOTHEK und
RECLAMS UNIVERSAL-BIBLIOTHEK sind eingetragene Marken
der Philipp Reclam jun. GmbH & Co. KG, Stuttgart
ISBN 978-3-15-014570-8
reclam.de

Inhalt

1. 1/2 Lovesong

(Text: Bela B & Rodrigo González, 1998, aus dem Album 13)

Ich weiß, du wirst mich vermissen
Auch wenn du jetzt gehen musst
Keine Geigen mehr, wenn wir uns küssen
Ich hab es einfach nicht gewusst
Ich hoff, meine Worte machen es nicht noch schlimmer
Vergiss nur einmal deinen Stolz
Ich weiß, du liebst mich noch immer

Soll es das gewesen sein? (wie im Lovesong)
Fällt uns denn keine Lösung ein? (wie im Lovesong)
Die Möglichkeit ist viel zu klein (fürn Lovesong)
Doch ich liebe nur dich allein

Vieles ist zur Gewohnheit verkommen
Doch das ist immer die Gefahr
Routine hat ihren Platz eingenommen
Bis es nicht mehr auszuhalten war
Ich hoff, meine Worte machen es nicht noch schlimmer
Vergiss nur einmal deinen Stolz
Ich weiß, du liebst mich noch immer

Soll es das gewesen sein? (wie im Lovesong)
Fällt uns denn keine Lösung ein? (wie im Lovesong)
Die Möglichkeit ist viel zu klein (fürn Lovesong)
Doch ich liebe nur dich allein
Love, love, love

Ich weiß, du wirst mich vermissen
Ich vermisse dich schon jetzt
Ich vermiss auch die Geigen, vermiss dich zu küssen
Nichts auf dieser Welt, was dich ersetzt
Ich hoff, meine Worte machen es nicht noch schlimmer
Vergiss nur einmal deinen Stolz
Ich weiß, du liebst mich noch immer

Soll es das gewesen sein? (wie im Lovesong)
Fällt uns denn keine Lösung ein? (wie im Lovesong)
Die Möglichkeit ist viel zu klein (fürn Lovesong)
Doch ich liebe nur dich allein

Doch ich liebe nur dich allein

Kein Thema scheint unerschöpflicher zu sein als die Liebe. Dem Popsong geht es da nicht anders als der Weltliteratur. Um manche Verfasser von Liebesliedern kann einem beim Lauschen ihrer Verortungen in Sachen »Love« regelrecht bang werden. Das Spektrum reicht von selbstauferlegtem Sklavendasein (Bryan Ferry)[1] über Telefonterror (Stevie Wonder)[2] bis hin zum Sauerstofffresser Liebe (John Paul Young)[3]. Schluss mit leidenslustig, dachten sich Rodrigo González und Bela B anno 1998 und schmiedeten aus der Herzensschwere einen halben Lovesong. Sogleich nahmen sie das Sujet Liebeslied zum Anlass, dem beständigen Hin und Her zwischen dem Du und Ich den Routineriegel vorzuschieben. »All You Need Is Love« war schließlich nicht mehr als eine Illusion. Wozu bräuchte es sonst Atombomben und schlechte Laune?

2. ACHTUNG: BIELEFELD

(Text: Bela B, 2020, aus dem Album *Hell*)

Mir geht es gut – ich hab nichts zu tun, das ist kein
so schlechtes Gefühl
muss mich vom vielen Ausruhen ausruhen
wie schön, dass ich auch gar nichts anderes will
muss nirgendwo hin – ich mach nichts, ich bin
ich geh nicht selbst, ich lass mich gehen
so sitze ich hier, einfach mit mir – die Erde wird sich
trotzdem weiterdrehen

Denn was du Langeweile nennst – ist etwas,
was du gar nicht kennst
Nichtstun macht dich nervös – Nichtstun ist unseriös
ich langweile mich gern – das musste ich auch erst mal lernen

Wein, Weib und Gesang – doch ohne Müßiggang
ist das alles nur die Hälfte wert
am Däumchen drehen – und aus tiefstem Innern gähnen
was ist denn daran so verkehrt?
I have a dream – longwhile extreme
da kann ich es zur Perfektion bringen
ich genieße es so sehr – warum erzähl ich dir nachher
im Moment bin ich nur viel zu faul zum Singen …

Denn was du Langeweile nennst – ist etwas,
was du gar nicht kennst
Nichtstun macht dich nervös – Nichtstun ist unseriös
ich langweile mich gern – das musste ich auch erst mal lernen

Wer sich langweilt, verschwendet sein Leben
deshalb musst du's dir auch permanent geben
für die Meisten ist Nichtstun eine viel zu große Hürde –
aber ich denke, dass eine Mutter in Aleppo sich
auch ganz gern mal langweilen würde?!!

Denn was du Langeweile nennst – ist etwas,
was du gar nicht kennst
Nichtstun macht dich nervös – Nichtstun ist unseriös
ich langweile mich gern – das musste ich auch
erst mal lernen

Darum lasst uns alle Langweiler werden – und schon
herrscht wieder Frieden auf Erden
ich möchte, dass ihr mit mir sprecht:
LANGEWEILE IST NICHT SCHLECHT
– sie ist eigentlich ganz schön. Guten Tag, auf Wiedersehen

Auf Wiedersehen – nur nicht zu bald –
ich würde gern ohne Aufregung alt

Der Songtitel »ACHTUNG: BIELEFELD« taucht im zugehörigen Text zwar nicht auf. Dennoch wird die inhaltliche Bedeutung des Lieds bisweilen dahingehend verbogen, dass die ostwestfälische Stadt Bielefeld a) einer seit Jahrzehnten umhergeisternden Verschwörung nach überhaupt nicht existiert oder b) der Inbegriff städtebaulicher Langeweile ist. Dabei könnte das Stück ebenso gut »ACHTUNG: MINENFELD« heißen, denn tatsächlich ist es ein pazifistischer Appell. Hierzulande lässt sich mit Muße Textexegese betreiben – die Lebensumstände lassen es zu. In der kriegszerstörten syrischen Stadt Aleppo kämpft derweil eine Mutter ums Überleben ihrer Familie. Für vergleichsweise luxuriösen Müßiggang bleibt keine Zeit.

3. Breit

(Text: Farin Urlaub & Rodrigo González, 2007, aus dem Album *Jazz ist anders*)

Früher waren wir vollkommen unentspannt
Gute Laune war uns damals völlig unbekannt
Doch dann kam Bernd mit dem Zeugs vorbei
Aufregend und nicht jugendfrei
Beim ersten Mal hats nicht geschmeckt
Doch schon bald haben wir dann Blut geleckt

Seitdem sind wir breit – und die Welt sieht für uns
jetzt viel bunter aus
So breit – so froh, uns hängt die Zunge zum Halse raus
Wir brauchen jeden Tag mehr und sind nur noch
dem Stoff hinterher
Für immer breit
Für immer breit

Ich gebe zu, früher warn wir eher peinlich
Heute sind wir so cool, es ist fast schon unheimlich
Wir tragen am Morgen schon Sonnenbrillen
Und ernähren uns von den kleinen Pillen
Wenn du jetzt fragst, wie das denn geht
Dann sag ich: Beschaffungskriminalität

Wir sind nur noch breit – ich sag dir, du weißt nicht,
was du verpasst
Breit – wenn du noch nie Drogen genommen hast
Weg mit dem alten Gehirn – du solltest es auch mal probier'n
Für immer breit
Für immer breit

Jetzt bin ich schon fast dreißig und lebe noch immer
Bin auch noch immer der Coolste hier in diesem Zimmer
Ich sabbere ein bisschen und rieche streng
Weil ich seit Jahren hier auf der Couch abhäng'
Soziale Kontakte brauch ich nicht
Ich bin sieben Tage die Woche dicht

Ich bin immer breit – ich grinse nur den ganzen Tag
in mich rein
So breit – ich möchte wirklich nie wieder nüchtern sein
Die Tapete ist dermaßen schön, ich will gar nichts
andres mehr sehn
Für immer breit
Für immer breit

Besonders peinlich sind Menschen zumeist, wenn ihre Selbstwahrnehmung zu vernebelt ist, um zu bemerken, wie verhaltensauffällig sie sind. Das lyrische Ich dieses Lieds betrachtet die Welt, seine Spezies und im Endeffekt sogar sich selbst als Abort, vor dem es zu flüchten gilt. Selbstmedikation ist sein Schlüssel zum Wegschießen des Gehirns. Das bisschen Abhängigkeit von schlechtschmeckenden Substanzen und Pillen? Scheiß drauf, die Welt ist bunter, je weniger an ihr teilgenommen wird. In der Tapete spiegelt sich schließlich Schönheit als Vorbote des endgültigen Irrsinns. Ein verächtlicher Fingerzeig ist dieser Text jedoch keineswegs. Beim Hören bzw. Lesen schleicht sich finster die Frage danach ein, ob der »gesunde Menschenverstand« tatsächlich unverrückbar ist.

4. Das darfst du

(Text: Bela B, 2012, aus dem Album *Auch*)

Du willst nicht mehr dazugehören, in der Masse
niemand stören
ein Leben, das nicht deins ist, sondern ihrs
stell dir vor, es ist vorbei, plötzlich fühlst du dich frei
es ist an der Zeit, dass du kapierst

nur weil die Angst regiert, heißt das nicht,
dass du auch welche hast
du weißt doch detailliert, was dir nicht passt

Komm setz dich zur Wehr, stell dich einmal quer
der nette Typ nicht mehr, denn das darfst du
machs doch einfach nicht und verweigere dich
denn das darfst du
ja, das musst du

du frisst nicht mehr, was alle fressen, lässt dich nicht
am Mittelmaß messen
dir wird endlich bewusst, was du alles nicht musst
weil alle ihren Kopf ausruhen, musst du es nicht
genauso tun
weil du selbstständig denkst und dich nicht
ständig verschenkst

nur weil die Angst regiert, heißt das nicht,
dass du auch welche hast
du weißt doch detailliert, was dir nicht passt

Komm setz dich zur Wehr, stell dich einmal quer
der nette Typ nicht mehr, denn das darfst du
machs doch einfach nicht und verweigere dich
denn das darfst du
ja, das musst du

du setzt dich zur Wehr
denn das darfst du
und du stellst dich quer, der nette Typ nicht mehr
denn das darfst du
ja, das musst du

ja, das musst du

Achtung, sogenannte Querdenker: Der Mensch, von dem hier die Rede ist, stellt sich quer, aber er ist keiner von euch! Er kann es gar nicht sein, denn er sucht nicht den Anschluss an eine Gruppe, sondern an sich selbst. Früher reagierte er ängstlich auf das nagende Gefühl im Bauch, das nach Ausbruch aus Normen und Hinwendung zum Individualismus verlangt. Die Gewinne, die das Du im Song von Bela B aus seinem Mut zieht, zu sich zu stehen, sind Freiheit und Selbstständigkeit. Neinsagen ist eine Kunst, die im Zeitalter der digital kolportierten Meinungsmanipulationen wichtiger ist denn je. Danke für die Erinnerung, den eigenen Kopf einzuschalten, Bela!

5. Deine Schuld

(Text: Farin Urlaub, 2003, aus dem Album *Geräusch*)

Hast du dich heute schon geärgert, war es
heute wieder schlimm
Hast du dich wieder gefragt, warum kein Mensch
was unternimmt
Du musst nicht akzeptieren, was dir überhaupt nicht passt
Wenn du deinen Kopf nicht nur zum Tragen
einer Mütze hast

Es ist nicht deine Schuld, dass die Welt ist, wie sie ist
Es wär nur deine Schuld, wenn sie so bleibt

Glaub keinem, der dir sagt, dass du nichts verändern kannst
Die, die das behaupten, haben nur vor Veränderung Angst
Es sind dieselben, die erklären, es sei gut so, wie es ist
Und wenn du etwas ändern willst, dann bist du automatisch
Terrorist

Es ist nicht deine Schuld, dass die Welt ist, wie sie ist
Es wär nur deine Schuld, wenn sie so bleibt
Weil jeder, der die Welt nicht ändern will,
ihr Todesurteil unterschreibt

»Lass uns diskutieren, denn in unserem schönen Land
Sind zumindest theoretisch alle furchtbar tolerant
Worte wollen nichts bewegen, Worte tun niemandem weh
Darum lass uns drüber reden, Diskussionen sind ok«

Nein – geh mal wieder auf die Straße, geh mal wieder demonstrieren
Denn wer nicht mehr versucht zu kämpfen – kann nur verlieren
Die dich verarschen, die hast du selbst gewählt
Darum lass sie deine Stimme hörn, weil jede Stimme zählt

Es ist nicht deine Schuld, dass die Welt ist, wie sie ist
Es wär nur deine Schuld, wenn sie so bleibt

2003: Die erste SARS-Epidemie[4] *breitet sich aus, mit dem erneuten Ende von Modern Talking erscheint Morbus Bohlen vorübergehend besiegt, der Irakkrieg beginnt und George W. Bush will im kommenden Wahljahr das Amt des US-Präsidenten verteidigen. Die Erde ist, anders gesagt, politisiert. Die Ärzte veröffentlichen ihr erstes Studio-Doppelalbum* Geräusch, *das Strophenreime enthält, die Weltveränderungen benennen! Im »Deine Schuld«-Song interpretiert Farin Urlaub Immanuel Kants kategorischen Imperativ modern. Dessen Grundform lautet: »Handle nur nach derjenigen Maxime, durch die du zugleich wollen kannst, dass sie ein allgemeines Gesetz werde.«* Die Kap*pe auf dem Kopf ist nicht das Problem, solange selbiger zum Denken genutzt wird. Begebenheiten zu bemängeln tut gut, Reformen sind lohnender. Die fangen bei jedem Einzelnen an.*

6. DEMOKRATIE (OUR BASS PLAYER HATES THIS SONG)

(Text: Farin Urlaub, 2021, aus dem Album *DUNKEL*)

Sie ist vielleicht die mächtigste Idee der Galaxie –
geboren in Griechenland
Millionen gibt sie Hoffnung, Diktatoren fürchten sie –
der Grund liegt auf der Hand
doch es gibt sie nicht geschenkt, und einfach ist sie nie
sie wird überall bedrängt …

sie ist das Beste, was wir haben – aber längst
noch nicht perfekt
nein, weit davon entfernt
sie verlangt viel Arbeit, ist ein ewiges Projekt – Junge,
hast du nichts gelernt?
Und du weißt hoffentlich: Es geht nicht ohne dich
du bist erforderlich

immer nur zu meckern auf das blöde Scheißsystem,
das ist schön bequem
du bist nicht Teil der Lösung, du bist selber das Problem,
und feige außerdem

sei nicht so unsportlich: Es geht nicht ohne dich
so funktioniert das nicht, es geht nicht ohne dich

Demokratie ist kein Fußballspiel, bei dem du
nur Zuschauer bist
ihre Feinde machen überall mobil, ich hoffe, dass du nicht
vergisst:
Freiheit ist keine App aus dem WWW

ja du bist wesentlich, es geht nicht ohne dich
nicht nur gelegentlich, es geht nicht ohne dich

und falls du dich jetzt fragst, wie man die Welt
verbessern kann:
Wie wär's mit wählen gehen?
Dein Kreuz gegen Hakenkreuze, damit fängt es an
dem Hass zu widerstehen

und du weißt hoffentlich: Es geht nicht ohne dich
so funktioniert das nicht …

Anlässlich der Europawahl im Juni veröffentlichten Die Ärzte im Frühjahr 2024 eine weitere Single aus dem Dunkel-*Album.* »DEMOKRATIE (OUR BASS PLAYER HATES THIS SONG)« *ist das Corpus Delicti, an dessen inhaltlichem Pathos Rodrigo González Anstoß nahm. Zu viel Zeigefinger wird seiner Ansicht nach in dem Lied erhoben. Dabei enthält der Aufruf Farin Urlaubs zum Wahr- und Ernstnehmen der Demokratie als Staats- und Gesellschaftsform noch eine Ebene, auf der der Texter seine staatstragende Deutlichkeit selbst konterkariert. Wer genau hinhört und der spanischen Sprache mächtig ist, erkennt im diffusen Chorgesang vor dem einsetzenden Gitarrensolo die Zeile »Der Gitarrist ist ein Arschloch«. Auch in diesem Stück ist der Metahumor zu finden – sofern man ihn suchen will.*

7. Der Misanthrop

(Text: Farin Urlaub, 1995, aus dem Album 13)

Ständig fragst du mich, warum, wieso, weshalb
 ich etwas mache
Was ich mir dabei gedacht hab, misch dich nicht
 in meine Sachen
Immerzu willst du was wissen, ich hör immer nur: Warum?
Immerzu stellst du mir Fragen, merkst du nicht,
 ich bleibe stumm
Ich rede nicht mit dir, also hör mir nicht zu
Stell mir keine Fragen, lass mich einfach in Ruh

Wie soll ich dir etwas erklären, was ich selber
 nicht versteh?
Warum soll ich dir was zeigen, was ich selber
 noch nicht seh?
Was ich denke, was ich fühle, macht für mich
 genügend Sinn
Und ich bin so, wie ich bin (Ich bin so, wie ich bin)

Ich hab kein Ziel und keine Richtung, aber meine eigene Welt
Ich mach alles, was mir einfällt, scheißegal, obs dir gefällt
Ich weiß, du siehst das anders, aber ich bin nicht du
Hau jetzt ab, zieh Leine, lass mich endlich in Ruh

Wie soll ich dir etwas erklären, was ich selber
 nicht versteh …

Selbst wenn es auf deine Fragen eine Antwort gäbe
Würdest du sie sicher nie von mir erfahren
Ich hab kein Geheimnis, ich leb nur mein eigenes Leben
Und den Rest werd ich dir niemals offenbaren
Ständig fragst du mich, warum, wieso, weshalb
ich etwas mache
Was ich mir dabei gedacht hab, misch dich nicht
in meine Sachen

Wie soll ich dir etwas erklären, was ich selber
nicht versteh?
Warum soll ich dir was zeigen, was ich selber
noch nicht seh?
Was ich denke, was ich fühle, macht für mich
genügend Sinn
Ich schulde dir keine Erklärung, denn ich bin so, wie ich bin
(Ich bin so, wie ich bin)

Das im Mittelpunkt dieses Textes stehende lyrische Ich kokettiert polternd-juvenil mit seiner Unabhängigkeit, es weist jedoch auch antisoziale Tendenzen auf. Ob es sich zum ausgewiesenen Eigenbrötler oder zum Individualisten entwickeln wird, kann es noch nicht sagen. Es gesteht sich und seinem Gegenüber ein, sich selbst noch nicht zu verstehen, vieles noch nicht zu sehen. Ist es wirklich ein Menschenfeind (Misanthrop), wie der Songtitel vorgibt? Fürchtet es andere Menschen als Feinde? Seine geschilderte Geisteshaltung ähnelt derjenigen eines Einsiedlers, Kommunikation ist ihm nicht geheuer, es lebt scheinbar ziellos. Farin Urlaub befindet sich derweil mit seiner Misanthropen-Figur zwischen Shakespeare, Molière und Schiller in bester literarischer Gesellschaft.

8. Der Tag

(Text: Farin Urlaub, 2003, aus dem Album *Geräusch*)

Ich weiß noch, wie wir uns das erste Mal sahen
Du warst Kleinstadtküken, ich war Großstadthahn
Ich war der Duft der weiten Welt für dich
Und du hast dich Gott sei Dank geduscht für mich

Doch die Liebe ging weg und böse Worte kamen
Du gabst mir Tier- und noch schlimmere Namen
Ich nannte dich Zicke und Nervensäge
Und von da an gingen wir getrennte Wege

Doch jetzt stehst du vor mir – und du willst mir
alles noch einmal erklären
Baby, fehl ich dir? Doch was soll ich dir sagen,
was willst du jetzt hören?

Der Tag, an dem ich dich vermisse, ist noch
nicht erfunden
Der Tag, an dem ich dich vermisse, hat genau
null Stunden
Die Wahrheit ist, ich kann dich ziemlich gut entbehren
Der Tag, an dem ich dich vermisse, muss erst noch
gebaut werden

Es ist ein bisschen anders, als du vielleicht denkst
Ich war Kleinstadtstute, du warst Großstadthengst
Ich betete dich damals ziemlich an
Doch seitdem hat sich einiges bei mir getan

Ohne dich ist mein Leben tausendmal so schön
Ich könnt mir Spannenderes vorstellen, als dich wiederzusehen
Oder glaubst du im Ernst, ich käme gern hierhin
Nein, mein Arzt hat entdeckt, dass ich schwanger bin

Und jetzt stehst du vor mir – mein großer Held, warum wirst du denn so bleich?
Ich will nix von dir – außer Geld – und zwar viel! – schließlich bist du reich

Der Tag, an dem ich dich vermisse – Mann, hast du 'ne Ahnung
Der Tag, an dem ich dich vermisse, ist nicht mal in Planung
Reiß dich zusammen, hör jetzt endlich auf zu flennen da
Der Tag, an dem ich dich vermisse, steht nicht im Kalender

Farin Urlaub fädelt diesen Songtext in Ruf- und Echo-Manier ein. Im Mittelpunkt der Geschichte steht ein herablassender Nimrod, der sich zum »Großstadthengst« kürt. Sogar seinen Duft hält er für unwiderstehlich. In den ersten beiden Strophen steigert er seinen Hochmut gegenüber der Verflossenen und antizipiert deren Rückkehrwillen bis zum triumphierenden Refrain. Dann aber wendet sich das Blatt, die »Kleinstadtstute« schildert eindringlich, ohne den einst Angebeteten viel besser klarzukommen. Sie will entgegen seines männlichen Selbstverständnisses nicht zurück zu ihm. Er soll zahlen, denn sie ist schwanger von ihm. Der »Held« wird blass, sein selbstgezimmertes Ego-Kartenhaus bricht in sich zusammen. Mangelndes Verantwortungsbewusstsein ist das Schlüsselwort dieser Kurzgeschichte.

9. Die klügsten Männer der Welt

(Text: Bela B, 2003, aus dem Album *Geräusch*)

Sie sehn gepflegt aus und sind charmant
Sind gut gekleidet und wortgewandt
Jeder Einzelne ein Held
Das sind die klügsten Männer der Welt

Sie lächeln ins Reporterheer
Und keine Antwort fällt ihnen schwer
Verwalten sorgsam unser Geld
Die klügsten Männer der Welt

Sie entscheiden für uns
Ja, sie leiden für uns
Unser Dunkel wird durch sie erhellt
Das sind die klügsten Männer der Welt

Sie wissen, wie, sie wissen, wann
Und was man uns zumuten kann
Weil uns der Überblick oft fehlt
Haben wir sie ins Amt gewählt

Manchmal machen sie sich unpopulär
Sie zu verstehn fällt uns oft schwer
Politik ist ein kompliziertes Feld
Nicht für die klügsten Männer der Welt

Sie entscheiden für uns
Ja, sie leiden für uns
Unser Dunkel wird durch sie erhellt
Das sind die klügsten Männer der Welt

Wenn bald alles lodert und alles brennt
Und die Erde erzittert vom Bombardement
Wenn uns nichts mehr bleibt, als um Erlösung zu beten
Dann lasst sie uns preisen!
Die klügsten Männer auf unserm Planeten

Im Kurzfilm zu Bela Bs Charakterisierung der Menschengattung Politiker wurden Szenen des 1983 erschienenen amerikanischen Anti-Atomkrieg-Spielfilms The Day After *zitiert. Der 2004 produzierte Videoclip zum Song endet mit der Mahnung: »... und trotzdem: Nicht wählen hilft den Falschen«, als Grafik wird ein in den Abfall geworfenes Hakenkreuz unterlegt. Die Chronologie des grauenhaften Spuks, die mit der mahnenden Erinnerung an die NS-Herrschaft endet, markiert eindeutig, wie wichtig die Teilnahme an demokratischen Wahlen geblieben ist. Und sei es auch »nur«, um Schlimmeres zu verhindern. Genaueres Hinhören während des wortgewandten Schwadronierens der Männer, um die es hier geht, ist zudem nicht verkehrt. Die Quintessenz: Wer Scharlatane wählt, hat bald keine Wahl mehr. Daran wird sich auch in der Gegenwart nichts ändern.*

10. Dinge von denen

(Text: Rodrigo González & Donna Blitz, 2003, aus dem Album *Geräusch*)

Neulich kam sie und redete zu viel
Über die Frau von einem besten Freund und ihr falsches Spiel
Sie will nur sein Geld, Glamour und die große Welt
Doch immer hält sie ihn fern und quält ihn gern
Mein Hals hat sich gewellt

Das sind Dinge, von denen ich gar nicht wissen will
Lass mich doch in Ruh und texte mich nicht zu
Das sind Dinge, von denen ich keine Ahnung
haben will
Behalte den Kram für dich. Es interessiert mich nicht

Neulich kam er grad frisch von der OP
Künstlicher Darmausgang, na, schönen Dank –
mein Hunger war passé
Er hörte nicht auf und ging mehr ins Detail
Ihm ist es wohl egal, ob ichs hören will
Ich wünschte mir ein Beil! – Hack! Hack! Hack! Hack!

Ich hör dir nicht zu
Lass mich in Ruh

Mein Haus, mein Boot, mein Pferd. Wie viel ist die Villa wert?
Was ziehst du dir da in deine Nase? Marius-Müller-Osterhase
Macht sie es mit dem Mund? Oder mit Claudias Schäferhund?

Das sind Dinge, von denen ich gar nichts wissen will
Hol noch mal tief Luft, ich schick dich in die Gruft
Das sind Dinge, von denen ich keine Ahnung
haben will
Behalte den Kram für dich. Es interessiert mich nicht!

Exquisite Klänge aus der Lounge-Transitzone der Popularmusik geleiten butterweich in dieses Song-Kleinod von Rodrigo González. Treffsicher gesetzte »Uhuhu«-Chöre zu markanter Bass-Figur und Elektro-Spinett-Motiv lassen nur einen Schluss zu: Der Geist des amerikanischen Songfürsten Burt Bacharach[5] *muss den Tieftonmacher der Die Ärzte überkommen haben! Aber, o weh, im gleichen Maße wie die Musik schön spielt, konterkariert der zugehörige Text sie hinterhältig. Sogenannte Talkaholics, die nichts Besseres zu tun haben, als über sich und die Miseren ausgesprochener Wohlstandsgeplagter zu reden, beschwören Widerstand geradezu herauf. Außerdem wird im Text jener Werbespot eines Geldinstituts aus den 1990er Jahren ironisiert, der eine spaltende neoliberale Hauen-und-Stechen-Wirtschaftsideologie zelebriert.*

11. Ein Mann

(Text: Farin Urlaub, 2003, aus dem Album *Geräusch*)

Streicheln is nich so mein Ding
sind wir denn hier im Streichelzoo?

im Rohrverlegen bin ich King
und überhaupt und sowieso

Ich bin ein Mann
meine Socken wasch ich irgendwann
mache mir die Erde untertan
weil ich es kann:
Ich bin ein Mann

Charismatisch, kultiviert
und an der Hüfte tätowiert
ich zeigs dir, wenn du vor mir kniest
da flippst du aus, wenn du das siehst:

Ich bin ein Mann
Ich geb dir eine Überdosis Fun
an mir hängt jede Menge unten dran
guck es dir an:
Ich bin ein Mann

So subtil wie ein Panzer
so einfühlsam wie die Autobahn

Ich bin ein Mann
noch gefährlicher als Jackie Chan
also bitte fass mich vorsichtig an
du bist in meinem Bann
ich habe dich in der Hand
denn ich bin so interessant
obwohl ich nichts dafür kann
ich hab mehr Glück als Verstand
ICH BIN EIN MANN!

Bauchige Floor Toms[6] verkünden bereits im Intro dieses Songs Breitbeiniges. Die darauffolgende inhaltliche Auslegung verzerrter Männlichkeit geht mit vollkommen überzogener Selbstherrlichkeit Hand in Hand. Voller pointiert gesetzter Klischees, zählt jener Prachtkerl, der sich hier selbst beschreibt, alles auf, was ihn seiner Auffassung nach unwiderstehlich macht. Er fängt beim Streichelwiderstand an, streift kurz seine handwerkliche Hochbegabung und landet schließlich – wie sollte es anders sein – beim Apparat, der zwischen seinen Beinen baumelt. Klar, Männer haben Sex. Beständig mit der selbstattestierten Potenz zu prahlen, macht die Sache jedoch nicht besser. Man mag sich die Folgen der Hormonschubabnahme bei diesem Macker gar nicht ausmalen! Sie kämen Gräben in der Autobahndecke gleich.

12. Ein Sommer nur für mich

(Text: Farin Urlaub, 2000, aus dem Album *Runter mit den Spendierhosen, Unsichtbarer!*)

Endlich kommt der Sommer wieder
Wir freuen uns, wir knien nieder
Die Vögel singen auf den Bäumen
Mädchen tragen kurze Röcke, das ist schön für alte Säcke
Die können dann ein bisschen träumen
Doch immer, wenn der Sommer kommt
Beschäftigt mich seit Jahren schon
Ein eher philosophisches Problem
Die Frage ist zu schwer für mich
Ich stelle sie jetzt öffentlich
Doch Vorsicht, sie ist ziemlich unbequem

Scheint die Sonne auch für Nazis? Ich könnts nicht verstehen
Dürfen Faschos auch verreisen? Das wär ungerecht
Können Rassisten etwa auch den blauen Himmel sehen?
Scheint die Sonne auch für Nazis?
Wenns nach mir geht, tut sie es nicht
Ich will 'nen Sommer nur für mich

Alle wollen ins Schwimmbad gehen
Barfuß auf der Wiese stehen
Mit einem Fuß im Hundehaufen
Jedes Jahr ist es das Gleiche: überall entblößte Bäuche
Mein Schatz, ich geh jetzt Eise kaufen
Und während ich die esse, seh ich so 'ne Nazifresse >

Und ich wünschte mir, er würde implodieren
Jedoch er tut mir leider nicht mal den Gefallen
Und sein Gesicht bringt mich dann wieder zum Philosophieren

Scheint die Sonne auch für Nazis? Dann kämen mir
die Tränen
Dürfen Faschos auch verreisen? Das wär ungerecht
Können Rassisten etwa auch den blauen Himmel sehen?
Scheint die Sonne auch für Nazis?
Wenns nach mir geht, tut sie es nicht
Ich will 'nen Sommer nur für mich
Ich will 'nen Sommer nur für mich

Die warme Jahreszeit ist ein unerschöpfliches Thema in Literatur und Musik. Während der Sommerzeit sei das Leben leicht, verlautbarte George Gershwin[7] 1935 in der Oper Porgy and Bess. *Vielleicht war die unheilvolle Nachricht der Machtübernahme seitens der Nationalsozialisten 1933 in Deutschland damals noch nicht zu dem amerikanischen Komponisten vorgedrungen!? Sechseinhalb Jahrzehnte später deutete Farin Urlaub den Sommer politisch. Von wegen, die Sonne scheint für alle! Wäre doch gelacht, wenn sie auch für Nazis schiene, deren antipluralistische Ideologie ihnen zumindest theoretisch sogar verböte, zu verreisen. Einfache Reime, die Allgemeinplätze belegen, führen spielend leicht ans eigentliche Thema des Songs heran: Rassismus. Der macht wider Erwarten auch in der Gegenwart vor Sonnenschein nicht Halt.*

13. Goldenes Handwerk

(Text: Bela B, 1998, aus dem Album *13*)

Ampeln kann ich nicht ausstehen, ich weiß nie
Bei welcher Farbe soll ich gehen?
Und der Zeitungsmann, er flucht
Ich hab schon wieder versucht
Brot bei ihm zu kaufen – tja, dumm gelaufen
Doch dabei kann ichs nicht belassen
Bei Gehirnfragen muss ich passen
Bin ein einfaches Gemüt, krieg selten mit,
    wie mir geschieht
Doch ich hab zwei Freunde, für die ist dies Lied:

Weil ich Schlagzeuger bin (a drumming man)
Weil ich Schlagzeuger bin (is a lonesome man)
Brauch kein Latinum, häng mit Musikern rum
Bin loyal, aber dumm (a drumming man)
Mach mich für die Band krumm (is a lonesome man)
Bin ein Mensch ohne Sinn, nirgends gehör ich hin
Weil ich Schlagzeuger bin

Ich hab als Kind schon nichts getaugt
Statt an der Brust hab ich am Bauchnabel gesaugt
Das war kurz nach der Geburt
Als meiner Mutter klar wurde
Dass ich niemanden gefährde
Wenn ich Drummer werde

Wer steht heut schon auf Gitarristen?
Das Größte überhaupt ist doch, den Schlagzeuger zu fisten
Mein natürlicher Sex wird selbst erwähnt in der *Spex*
Schau mich an und dann checks
Dieser Song ist von mir für mich

Weil ich Schlagzeuger bin (a drumming man)
Mach mich für die Band krumm (is a courageous man)

Ich trinke gern Spirituosen, gehör zu den Ahnungslosen
Double Platinum, für das bisschen Bumm Bumm
Kommt 'ne Menge bei rum
Schlagzeu-g-e-r

Smileys und Herzchen tauchten erst später auf, sie flogen dem Liedschreiber Bela B jedoch anlässlich dieser Laudatio auf die Spezies Trommler gedanklich bereits Ende der 1990er Jahre zu. Zitatenreich bricht der beste Stehschlagzeuger der Welt eine Lanze nach der anderen für sich und seine »Bumm Bumm« machenden Metrenerzeuger-Kollegen. Ebendie lädt er jedoch nicht zum Gesprächskreis »Sinnfindung für das Berufsbild Drummer« ein, sondern lästert nach Herzenslust ironisch über sich selbst ab. Eher nebensächlich erwähnt er zudem eine angstschweißschaffende sexuelle Praktik, die Gitarristen wie Mauerblümchen aussehen lässt. Die Ärzte stehen seit ihrer Gründung für Multipolarität, eindimensionales Rockband-Selbstverständnis ist ihnen ein Graus. Dieser Songtext statuiert in der Hinsicht ein Exempel.

14. Groteskong

(Text: Farin Urlaub, 1998, aus dem Album 13)

Dies ist ein Protestsong gegen Protestsongs
Ich kanns nicht mehr hörn
Ständig dieses Geheule
Bloß weil ein paar Kerle den Dschungel zerstörn
Das Ozonloch geht mir am Arsch vorbei
Doch überall verfolgt mich euer Hippiegeschrei
Meine armen Ohren, sie könn sich nicht wehrn
Ich höre längst kein Radio mehr und seh auch nicht fern
Doch als Retter der Welt liegt ihr voll im Trend
Ihr malträtiert euer Instrument und ihr flennt

Dies ist ein Protestsong gegen Protestsongs
Ich hab es so satt
Echte Männer fangen ein paar Wale
Schon macht ihr Randale, schon dreht ihr am Rad
Und ihr schreibt keine Lieder, nein ihr schreibt ein Gedicht
Schon vierhundert Strophen und kein Ende in Sicht
Ja, ihr prangert an und ihr singt von Problemen
Ich bin sicher, dass sich alle schlechten Menschen
jetzt schämen

Und wenn mal wieder ein Atomkraftwerk brennt
Seid ihr voll in eurem Element
Und ihr steht laut jammernd vor dem Parlament
Und hinter euch flattert euer Transparent und ihr flennt

Dies ist ein Protestsong gegen Protestsongs
Es steht mir bis hier
Ich kann euch nicht begreifen
Ihr seid gleich am Verzweifeln
Wenn ein paar Kinder krepiern
Und schon singt ihr wieder vom Ende der Welt
Nur weil irgendwo ein Sack Reis umfällt
Lasst mich endlich mit euerm Genöle in Ruh
Wenn ich Lust dazu hab, scheiß ich die Nordsee zu
Danach zieh ich mir ein Robbensteak rein
Auf einem Teller aus Elfenbein
Und dann leg ich die Schlampen von Greenpeace flach
Eine nach der anderen, die ganze Nacht
Und ich lach, und ich lach

Dieser Text stammt vom Pescetarier und Literatur-Gourmet Farin Urlaub. Dem gemeinen Liedermacher geht es lyrisch ganz schön an den Kragen. Ihn trifft der Vorwurf, keine Lieder, sondern ellenlange Gedichte zu verfassen – der allumfänglichen Sozialkritik wegen. Je weiter die Zeilen des Protestsongs gegen Protestsongs voranschreiten, desto groteskere Züge nimmt die Haltung des lyrischen Ichs an. Es entlarvt sich selbst als Nihilist, dem es anscheinend egal ist, ob »ein paar« Kinder sterben oder ein Atomkraftwerk brennt. Der besondere Kniff des Songs: In dessen knapp vier Minuten Spielzeit steckt so viel Text, dass er im Schnelldurchlauf gesungen wird. Er endet mit der zum Schluss noch hineingerufenen Zeile: »Die Ärzte … braucht kein Mensch!« Noch Fragen?

15. Himmelblau

(Text: Farin Urlaub, 2007, aus dem Album *Jazz ist anders*)

Der Himmel ist blau und der Rest deines Lebens liegt vor dir
Vielleicht wär es schlau, dich ein letztes Mal umzusehn
Du weißt nicht genau, warum – aber irgendwie packt dich
die Neugier
Der Himmel ist blau, und der Rest deines Lebens wird schön,
yeah

Du hast ein gutes Gefühl, du denkst an all die schönen Zeiten
Es ist fast zu viel, jetzt im Moment neben dir zu stehn
Du hast kein klares Ziel, aber Millionen Möglichkeiten
Ein gutes Gefühl – und du weißt, es wird gut
für dich ausgehn, yeah

Der Himmel ist blau

Der Himmel ist blau

Die Welt gehört dir: Was wirst du mit ihr machen?
Verrat es mir – spürst du, wie die Zeit verrinnt?
Jetzt stehst du hier und du hörst nicht auf zu lachen
Die Welt gehört dir – und der Rest deines Lebens beginnt,
yeah

Der Himmel ist blau, so blau, so blau …

Ein Lied so ansteckend erbaulich wie der konstruktivste Kuss, den man je bekam. Dem emporsteigenden einleitenden Gitarrenakkord folgt ein gnadenlos optimistischer Text. Darin veranschaulicht Farin Urlaub eher nebensächlich, wie wenig Die-Ärzte-Lyrik nach dem Paradigma Ironie verlangt. In dieser Ode ans angstfreie Wahrnehmen des Moments wird »der Rest deines Lebens« zur freundlichen Grußbotschaft an unbekannt formuliert: Carpe diem, nutze den Tag, das Morgen wird schön, wenn du es nicht auf morgen verschiebst! Das suggerierte Vertrauen auf die Intuition erzeugt ein Gefühl in der Zuhörer-Bauchgegend, das unmittelbar Bewegung schafft. Es meint: Die Welt ist groß, entdecke sie und deine Möglichkeiten, sie wertschätzend mitzugestalten. Farin Urlaub geht derweil beneidenswert poetisch voraus.

16. ICH, AM STRAND

(Text: Farin Urlaub, 2020, aus dem Album *HELL*)

Ich, neugeboren – gar nicht süß, aber Mama ist anscheinend zufrieden
ich mit 2, was guck ich fies – meine Eltern sind schon geschieden
ich mit 3, ich mit 4, Mama und ich alleine hier
ich mit der Geburtstagstorte – lachend, weil ich es einfach nicht kapier

Ich mit Opa, kerngesund – ich beim Spielen mit Opas Hund
ich mit dem Hund im Blumenbeet, ich mit dem Ohr wieder angenäht
ich im Süden, Sonnenbrand, mein allererster Urlaub: ich am Strand, und ich am Strand

Ich in der Schule, erster Tag, ich mit der Lehrerin, die ich mag
ich an der Tafel – ABC, erstes Zeugnis ganz ok
ich zu Besuch im Boxverein, ich mit gebrochenem Nasenbein
ich, von Pickeln übersät – auf dem Weg zu meinem ersten Date

Ich mit Nina, Hose beult; ich ohne Nina, schwer verheult
ich beim Kiffen – total cool, ich mit Peter, partyschwul
ich auf Demo: Nazis raus! – ich wieder mal im Krankenhaus
ich mit Abi in der Hand, ich mit meinem Rucksack
ich am Strand, und ich am Strand

Ich an der Uni, das ging schnell: zehn Semester BWL
ich mit Abschluss, Freude groß – ich seit einem Jahr arbeitslos
ich mit Antrag auf Hartz IV – hier setzt mein Vermieter mich
vor die Tür
ich ungewaschen, unrasiert – alles probiert, doch nichts
hat funktioniert

Ich unter einer dunklen Brücke, ich wie ich mich
nach Kippen bücke
ich, wie ich an der Mauer lehne, ich jetzt ohne Schneidezähne
ich, wie ich im Winter frier – noch einmal seh ich
alles vor mir:
ich als Kind an Mamas Hand, ich mit Nina, glücklich –
ich am Strand
ich am Strand, und ich am Strand
ich am Strand, ich am Strand
ich am Strand, und ich am Strand
ich am Strand, ich am Strand

Ein selbstangewidert verfasster Text über Empathie, oder je nach Sichtweise, Mangel an selbiger. Der intendierte Autsch-Effekt verfängt sich während des Hörens im Kontext der Reggaeton-Taktung besonders intensiv. Wie oft nehmen wir Obdachlose als Menschen und nicht zuvorderst als Bettler wahr? Das lyrische Ich rekapituliert seine eigene Lebensgeschichte anhand von Fotos. Am Anfang geriert es sich süß, dann liebenswert als Heranwachsender mit typischen Lebensabschnittsproblemen. Danach stürzt es ab: arbeitslos, Hartz IV, kein Dach überm Kopf, fehlende Schneidezähne. Wohlstand schafft eben nicht nur eine Lebensform.

17. Ich weiß nicht (ob es Liebe ist)

(Text: Farin Urlaub, 1985, aus dem Album *Im Schatten der Ärzte*)

Vor zwei Wochen hab ich dich zum ersten Mal gesehen
Du warst so betrunken, du konntest kaum noch stehen
Aus Mitleid hab ich dich nach Haus gebracht
Du sagtest zärtlich: »Mein Schatz, gute Nacht.«
»Mein Schatz« hast du gesagt, vielleicht war es
nur ein Scherz
Amors Pfeil durchbohrte mein Herz
Jetzt weiß ich nicht, was ich denken soll
Ist es wirklich Liebe oder find ich dich nur toll?

Ich weiß nicht, ob es Liebe ist, wenn man nicht mehr
trinkt und isst
Wenn man an eine denkt und eine andere küsst
Ich weiß nicht, ob das Liebe ist

Am nächsten Tag habe ich dich besucht
Als das Bier alle war, hast du laut geflucht
Du lagst auf dem Bett und warst ziemlich breit
Aber immerhin waren wir allein zu zweit
Ich wollte mit dir reden über deine Frisur und über Liebe
Aber du lachtest nur
Jetzt weiß ich nicht, was ich denken soll
Ist es wirklich Liebe oder find ich dich nur toll?

Ich weiß nicht, ob es Liebe ist
Wenn man alle Frauen nur an einer misst
Wenn man etwas hört und es sofort vergisst >

Ich weiß nicht, ob das Liebe ist
Ich weiß nicht, ob das Liebe ist, ich weiß nicht,
ob das Liebe ist
Wenn man beim Pinkeln ständig nebens Becken pisst

Die Frage danach, was Liebe ist, dürfte so alt sein wie der Homo sapiens selbst. Das lyrische Ich dieses Songs fällt der hinterhältigen Liebe zunächst gnadenlos anheim. Wie von Sinnen erkennt es in den Worten eines bemitleidenswert komasaufenden Menschen Zärtlichkeit. Aber wie viel Wahrheitsgehalt steckt wohl im betrunken dahin genuschelten Wort »Schatz«? Im Refrain stellt es sein Empfinden der Liebe folgerichtig gleich wieder in Frage. Es will sich über dies und das austauschen, wird jedoch ausgelacht. Langsam erkennt das lyrische Ich, dass Liebe weder definierbar ist, noch einem Regelwerk folgt. Am Ende wird es dann dementsprechend richtig absurd. »Liebe ist …« reimt sich plötzlich auf »pisst«.

18. Junge

(Text: Farin Urlaub, 2007, aus dem Album *Jazz ist anders*)

Junge, warum hast du nichts gelernt?
Guck dir den Dieter an, der hat sogar ein Auto
Warum gehst du nicht zu Onkel Werner in die Werkstatt?
Der gibt dir 'ne Festanstellung, wenn du ihn darum bittest
Junge

Und wie du wieder aussiehst, Löcher in der Hose,
und ständig dieser Lärm
(Was sollen die Nachbarn sagen?)
Und dann noch deine Haare, da fehlen mir die Worte –
musst du die denn färben?
(Was sollen die Nachbarn sagen?)
Nie kommst du nach Hause, wir wissen nicht mehr weiter

Junge, brich deiner Mutter nicht das Herz
Es ist noch nicht zu spät, dich an der Uni einzuschreiben
Du hast dich doch früher so für Tiere interessiert,
wäre das nichts für dich
Eine eigene Praxis?
Junge

Und wie du wieder aussiehst, Löcher in der Nase,
und ständig dieser Lärm
(Was sollen die Nachbarn sagen?)
Elektrische Gitarren, und immer diese Texte –
das will doch keiner hörn
(Was sollen die Nachbarn sagen?) >

Nie kommst du nach Hause, so viel schlechter Umgang –
wir werden dich enterben
(Was soll das Finanzamt sagen?)
Wo soll das alles enden? Wir machen uns doch Sorgen

Und du warst so ein süßes Kind
Du warst so süß

Und immer deine Freunde, ihr nehmt doch alle Drogen,
und ständig dieser Lärm
(Was sollen die Nachbarn sagen?)
Denk an deine Zukunft, denk an deine Eltern –
willst du, dass wir sterben?

Warum nur zerstört der Nachwuchs für ihn entworfene Lebenspläne mutwillig? Wieso reiht sich der vormals Süße nicht ins Heer der Konformisten ein? Gleichschritt und Gleichaussehen gefallen schließlich sowohl den Nachbarn als auch im übertragenen Sinne dem Finanzamt. Farin Urlaub nutzt zur multidimensionalen Auseinandersetzung mit Stereotypen des Generationenkampfs einfache Wörter. Wer kennt die Sprüche, die er in diesem Lied zitiert, nicht? Zigmal gehört bedeutet jedoch nicht, deren jeweilige Tragweiten auch verstanden zu haben. Entsprechend schleicht sich die Textbotschaft seitwärts und hinterrücks ein. Am Ende wird mit Schuld gehandelt: Will der »Junge«, dass der Kummer der Eltern zu deren Tod führt? Immerhin kümmern sich die Erzeuger um ihn, anstatt den Nachzügler vor dem Fernseher zu parken.

19. KRAFT

(Text: Farin Urlaub, 2021, aus dem Album *DUNKEL*)

Du stemmst gut 180 Kilo, wenn dir morgens danach ist
Deine Freundin schwärmt den ganzen Tag davon,
wie stark du bist
deine Muskeln schützen dich vielleicht, wenn du mal fällst
aber es gibt da noch was anderes, wovon du nicht viel hältst

Worte können wehtun, sie sind schnell und schonungslos
treiben dich in die Enge, führen dich vor und stellen dich bloß
also ballst du deine Fäuste und versuchst es mit Gewalt
und du haust mir wie besessen auf die Fresse – eiskalt
und jetzt steh ich hier und blute und du denkst,
du hast's geschafft
doch dann öffne ich meinen Mund zum Reden und du merkst:
auch Worte haben
KRAFT

Worte bringen dich zum Lachen, Worte bringen dich
zum Weinen
Worte treiben dich zur Weißglut, Worte bringen dich zum
Schreien
transportieren Informationen, Emotionen, Trost und Hass
lassen Herzen schneller schlagen, machen Feinde,
machen Spaß
Worte bringen dich auf die Bühne und in Untersuchungshaft
füllen Liebesbriefe, Bücher und Gesetze –
denn Worte haben
KRAFT

deine Kollegin hat ein Lächeln, was kein Mann jemals vergisst
weshalb sie dir auch lange schon ein Dorn im Auge ist
also bist du immer nett zu ihr und lügst ihr ins Gesicht
aber hinter ihrem Rücken zeigst du dann dein wahres Ich

Worte können wehtun, sie sind schnell und schonungslos
lassen dir keinen Ausweg, führen dich vor und stellen
    dich bloß,
sie weiß nicht, wie ihr geschieht, warum sie plötzlich
    jeder mobbt
endlich hört sie auf zu lächeln, und sie kündigt ihren Job

Doch dann springt sie vor die U-Bahn, und du fühlst
    dich ekelhaft
viel zu spät begreifst du: Lügen haben Konsequenzen –
Worte haben
KRAFT

Worte zeigen uns, was möglich ist, erklären, wie es geht
sie beschreiben Träume ebenso wie die Realität
sie beginnen und beenden Kriege und Revolutionen
sie existieren laut geschrien und auch völlig ohne Ton
sie sind Waffen, sie sind Balsam, sie sind manchmal rätselhaft,
retten Leben, zeigen Wege, schlagen Brücken –
Worte haben
KRAFT

Worte sind in allen Sprachen von jenem Verständnis geprägt, das sich auch in Musik finden lässt. Es gibt wissenschaftliche Methoden, die eigens die Kraft von Worten erforschen. Dass Bach,

Goethe und die Beatles heute noch gegenwärtig sind und vermutlich für alle Zeiten bleiben werden, hängt mit deren Hinwendungen zum erdumspannenden Wertesystem Menschlichkeit zusammen. Farin Urlaub findet es sicher überzogen, ihn neben den genannten Wort- und Tonkunstschaffenden am imaginären Mount Rushmore zu platzieren. Indes gehört er nicht nur kraft dieses Textes, der ihm morgens beim Zähneputzen einfiel, genau dorthin. Die Lyrik leitet dazu an, Worte frei von Zynismus zu betrachten – ähnlich der Liebe, die dasselbe Kunststück mühelos vollbringt.

20. Lasse redn

(Text: Farin Urlaub, 2007, aus dem Album *Jazz ist anders*)

Hast du etwas getan, was sonst keiner tut?
Hast du hohe Schuhe oder gar einen Hut
Oder hast du etwa ein zu kurzes Kleid getragen
Ohne vorher deine Nachbarn um Erlaubnis zu fragen?

Jetzt wirst du natürlich mit Verachtung gestraft
Bist eine Schande für die ganze Nachbarschaft
Du weißt noch nicht einmal genau, wie sie heißen
Während sie sich über dich schon ihre Mäuler zerreißen

Lass die Leute reden und hör ihnen nicht zu
Die meisten Leute haben ja nichts Besseres zu tun
Lass die Leute reden, bei Tag und auch bei Nacht
Lass die Leute reden – das haben die immer
schon gemacht

Du hast doch sicherlich 'ne Bank überfallen
Wie könntest du sonst deine Miete bezahlen? Und
Du darfst nie mehr in die Vereinigten Staaten
Denn du bist die Geliebte von Osama bin Laden

Rasierst du täglich deinen Damenbart oder
Hast du im Garten ein paar Leichen verscharrt?
Die Nachbarn haben da so was angedeutet
Also wunder dich nicht, wenn bald die Kripo
bei dir läutet

Lass die Leute reden und hör einfach nicht hin
Die meisten Leute haben ja gar nichts Böses im Sinn
Es ist ihr eintöniges Leben, was sie quält
Und der Tag wird interessanter, wenn man Märchen erzählt

Und wahrscheinlich ist ihnen das nicht mal peinlich
Es fehlt ihnen jede Einsicht
Und wieder mal zeigt sich: Sie sind kleinlich
Unvermeidlich fremdenfeindlich

Hast du gehört und sag mal, wusstest du schon? Nämlich
Du verdienst dein Geld mit Prostitution
Du sollst ja meistens vor dem Busbahnhof stehn
Der Kollege eines Schwagers hat dich neulich gesehn

Lass die Leute reden und lächle einfach mild
Die meisten Leute haben ihre Bildung aus der *Bild*
Und die besteht nun mal, wer wüsste das nicht
Aus Angst, Hass, Titten und dem Wetterbericht

Lass die Leute reden, denn wie das immer ist:
Solang die Leute reden, machen sie nichts Schlimmeres
Und ein wenig Heuchelei kannst du dir durchaus leisten
Bleib höflich und sag nichts – das ärgert sie am meisten

Was ist »normal«, was ist »unnormal«? Wer definiert den Unterschied zwischen Konvention und Originalität? Der Text dieses trivial wirkenden Songs stellt essentielle gesellschaftsrelevante Fragen, ohne unmittelbar Anspruch auf Klärung zu erheben. Verdeutlicht wird die These, nach der vor allem Zeitgenossen, denen es an Selbstreflexion mangelt, über andere Menschen herziehen. Ihre Lebensleitfäden erstehen sie morgens am Kiosk beim Erwerb eines Revolverblatts mit vier Buchstaben, das aus »Angst, Hass, Titten und dem Wetterbericht« besteht. Derlei plumpe Meinungsmache mit vermeintlichem Lustanspruch hat sozialpolitische Folgen: Ausgrenzungen. Die wichtigste Zeile steht am Schluss. Nichtteilnahme am Getratsche macht das Leben leichter.

21. Lied vom Scheitern

(Text: Bela B, 2007, aus dem Album *Jazz ist anders*)

Ich wusste stets, was ich will
doch das wollen viele
trotzdem setzte ich mich zwischen alle Stühle
und machte es mir bequem
bis hierhin kein Problem

Ich strengte mich an
gehörte doch nie zu denen
und schwelgte doch nur in unerreichbaren Plänen
und am Ende war der Lohn Frustration

Ich dachte, ich könnte es erzwingen
der Selbstbetrug tat mir nichts bringen

Denn du bist immer dann am besten
wenns dir eigentlich egal ist
du bist immer dann am besten
wenn du einfach ganz normal bist
du bist immer dann am besten
du musst das nicht austesten
nicht noch mal
dein Spiegelbild ist anderen egal

Ich war nicht mehr ich selbst
es wurde gefährlich
tat, was andre verlangten
war zu mir selbst nicht mehr ehrlich >

wer Wahrheit simuliert
wird nur kurz akzeptiert

Ich machte es allen recht
alle sollten mich lieben
sah nicht die Dämonen
die mich dazu trieben
war gefangen und nicht mehr frei
und ich ging kaputt dabei

Man kann die Welt nicht ewig blenden
ich muss den Quatsch sofort beenden

Du bist immer dann am besten
wenns dir eigentlich egal ist
du bist immer dann am besten
weil der Ehrgeiz dich sonst auffrisst
du bist immer dann am besten
du musst das nicht austesten
nicht noch mal
dein Spiegelbild ist anderen egal

Du kannst für eine Weile dein Umfeld belügen
doch dein eigenes Herz wirst du nicht betrügen
man erntet, was man sät
drum wirds dein Herz sein, das dich verrät

Ich will deinen Elan doch überhaupt nicht dämpfen
wenn du etwas willst, musst du darum kämpfen
nur eines versprichst du mir:
Bleib immer du selbst und bleib bei dir

Ich bin immer dann am besten
wenns mir eigentlich egal ist
ich bin immer dann am besten
wenn mir keiner ins Regal pisst
ich bin immer dann am besten
am zweit-, dritt- oder zehntbesten
von mir aus auch mal nicht am besten
ich muss das nicht austesten
nicht noch mal
mein Spiegelbild ist anderen egal

Um Sachzwänge geht es in diesem Lied eher weniger. Sogar erfolgreiche Kunstschaffende sehen sich gelegentlich mit Notwendigkeiten konfrontiert, die frei getroffene Entscheidungen einschränken. Das lyrische Ich verliert sich indes so weit selbst, dass es im Spiegelbild eine Karikatur seines Charakters erkennt. Das, was bleibt, wenn man dem Ego mitsamt seiner Anpassungsfähigkeit zuvorderst gerecht werden muss, ist Verlust von Lebensqualität und Identität. Man ist, was man ist, eine Edelkarre in der Garage leistet der Selbstakzeptanz keinen Vorschub. Die Dämonen, von denen im Text die Rede ist, graben tief im Seelendickicht des lyrischen Ichs. Sie geben vor, ihr mediokres Selbstbild aufzuhübschen. Die Botschaft: Finde dich gut, akzeptiere dich, oder anders gesagt, versuche es zumindest. Für dich.

22. Männer sind Schweine

(Text: Farin Urlaub, 1998, aus dem Album *13*)

Hallo, mein Schatz: Ich liebe dich, du bist die Einzige für mich
Die andern find ich alle doof, deswegen mach ich dir den Hof
Du bist so anders, ganz speziell, ich merke so was immer schnell
Jetzt zieh dich aus und leg dich hin, weil ich so verliebt
in dich bin
Gleich wird es dunkel, bald ist es Nacht
Da ist ein Wort der Warnung angebracht:

Männer sind Schweine, traue ihnen nicht, mein Kind
Sie wollen alle das Eine, weil Männer nun mal so sind

Ein Mann fühlt sich erst dann als Mann, wenn er es
dir besorgen kann
Er lügt, dass sich die Balken biegen, nur um dich ins Bett
zu kriegen
Und dann am nächsten Morgen weiß er nicht einmal mehr,
wie du heißt
Rücksichtslos und ungehemmt, Gefühle sind ihm völlig fremd
Für ihn ist Liebe gleich Samenverlust
Mädchen, sei dir dessen stets bewusst:

Männer sind Schweine – frage nicht nach Sonnenschein
Ausnahmen gibts leider keine
In jedem Mann steckt auch immer ein Schwein
Männer sind Säue, glaube ihnen nicht ein Wort
Sie schwörn dir ewige Treue
Und dann am nächsten Morgen sind sie fort

Und falls du doch den Fehler machst und dir 'nen Ehemann
anlachst
Mutiert dein Rosenkavalier bald nach der Hochzeit
auch zum Tier
Da zeigt er dann sein wahres Ich, ganz unrasiert und widerlich
Trinkt Bier, sieht fern und wird schnell fett und rülpst
und furzt im Ehebett
Dann hast du King Kong zum Ehemann
Drum sag ich dir, denk bitte stets daran:

Männer sind Schweine, traue ihnen nicht, mein Kind
Sie wollen alle nur das Eine, für wahre Liebe sind sie blind
Männer sind Ratten, begegne ihnen nur mit List
Sie wollen alles begatten, was nicht bei drei
auf den Bäumen ist
Männer sind Autos, nur ohne Reserverad

Während seiner Motorradfahrten durch den Regen in Sambia und Botswana sang Farin Urlaub zunächst freilich ohne Zuhörer ganze Beatles-Alben in Originalreihenfolgen. Als er damit durch war, dachte er sich eigene Musikstücke aus. Eins davon war »Männer sind Schweine«, dessen Refrain-Mantra ursprünglich »Sonne, wann werde ich dich wiedersehen?« lautete. Die erste Textinkarnation handelte von Lady Diana, die kurz zuvor verstorben war. In der zweiten Variante ging's um Arbeit. Zwei Tage später stand eine Abhandlung über Männer zur Disposition. Wochen danach, zurück in unseren Breitengraden, entstand der inzwischen geläufige Text innerhalb von 20 Minuten. Das Hit-Monster ist auf dieselbe Weise manifest geblieben wie der Weltentdeckerdrang seines Autors.

23. Manchmal haben Frauen …

(Text: Bela B, 2000, aus dem Album *Runter mit den Spendierhosen, Unsichtbarer!*)

In einer Bar sprach er mich an
Er war betrunken und er roch nach Schweiß
Er sagte: »Junge, hör mir zu
Da gibt es etwas, das ich besser weiß
Die Emanzipation ist der gerechte Lohn
Für die verweichlichte Männerschaft
Doch du kannst mir vertraun, zwischen Männern und Fraun
Gibt es einen Unterschied, der ganz gewaltig klafft.«
Und was ich dann hörte, was mich total empörte
Es wiederzugeben, fehlt mir fast die Kraft

Manchmal, aber nur manchmal
Haben Frauen ein kleines bisschen Haue gern

Ich sagte: »Lass mich in Ruh, ich hör dir nicht mehr zu
Du stinkbesoffenes Machoschwein!«
Das hörte er nicht gern, er fing an, an mir zu zerren
Kurz darauf fing ich mir eine ein
Er schrie: »Stell dich nicht blind, du bist doch kein Kind
Ich mach dich alle, dann weißt du Bescheid!«
Doch statt mir noch eine zu zimmern, fing er an zu wimmern
Jetzt tat der Typ mir plötzlich leid
Er fing an zu flehn, ich sollte endlich verstehn
Sein Mundgeruch brachte mir Übelkeit

Manchmal, aber nur manchmal

Ich stieß ihn weg und ich rannte nach Haus
Das musste ich meiner Freundin erzähln
Ich ließ nichts aus, es sprudelte aus mir raus
Die Ungewissheit fing an mich zu quäln
Das war mir noch nie passiert, ich war traumatisiert
Und etwas neugierig war ich auch
Da lächelte sie und hob ihr Knie
Und rammte es mit voller Wucht in meinen Bauch
Als ich nach Atem rang und ihre Stimme erklang
Umwehte sie ein eisiger Hauch

Sie sagte: »Manchmal, aber nur manchmal
Haben Frauen ein kleines bisschen Haue gern
Immer, ja wirklich immer
Haben Typen wie du was auf die Fresse verdient!«

Es soll immer noch Zeitgenossinnen und deren männliche Pendants geben, die diesen Song missverstehen. Von Bela B geschrieben, komponiert und mit Ausnahme des Refrains am Schluss auch gesungen, wird augenscheinlich ein armer Wicht in einer Spelunke skizziert. Ihm widerfährt darin Ungeheuerliches: Er gerät in Streit mit einem gestandenen Mannsbild älteren Semesters, das ihm weismachen will, dass Frauen manchmal ein kleines bisschen Haue gernhaben. Prompt rennt der Protagonist heim zu seiner Freundin, der er das Erlebte brühwarm mitteilt. Die findet seine Position in der Schilderung jedoch nicht ansatzweise so heldenhaft wie er. Schließlich überführt sie ihn seiner feigen Zurückhaltung wegen ebenfalls der Frauenfeindlichkeit. Es folgt, was folgen muss: Er bekommt was aufs Maul.

24. Meine Freunde

(Text: Farin Urlaub, 1998, aus dem Album *13*)

Meine Freunde sind homosexuell
Meine Freunde sind alle kriminell
Sie ficken sich ganz einfach so gegenseitig in den Po
Und das macht ihnen auch noch Spaß
Dürfen die das? Dürfen die das?

Ist das nicht irgendwie verboten? Ist das tatsächlich erlaubt?
Kann ich das bitte schriftlich haben
Weil mir nachher keiner glaubt
Dürfen die das?

Meine Freunde steh'n auf S&M
Meine Freunde sind nicht grade verklemmt
Sie bleiben tagelang zu Haus,
peitschen sich gegenseitig aus
Und sie zerschneiden sich mit Glas
Dürfen die das? Dürfen die das?

Ist das nicht irgendwie verboten? Ist das tatsächlich legal?
Es geht mich eigentlich nichts an, aber ich wüsste gerne mal
Dürfen die das?

Meine Freunde glauben nicht an Gott
Meine Freunde gehören aufs Schafott
Sie leugnen seine Existenz, sind totale Satanfans
Einer spielt Drums, der andre Bass
(In nomine Satanas
Dem Jungen stockte das Blut in den Adern – wuff!)
Dürfen die das? Dürfen die das? Ja sag mal:

Ist das nicht irgendwie verboten? Wird man dafür
nicht bestraft?
Was ist das bloß für eine Welt
In der man solche Sachen darf?!
Dürfen die das?

Das Verb »ficken«, Insigne der Fäkalsprache, taucht im Die-Ärzte-Textkanon selten auf – dem Wort wohnt ja auch bestenfalls die Banalität des Alltäglichen inne. Richtiggehend »bestürzend« klingt die Vokabel »ficken« ohnehin nur mehr im Kontext des Worts »Po«. Homosexuelle haben mitunter gerne Analverkehr. S&M-Fans und Satanisten mögen ihrerseits jeweils Normabweichendes, das nicht jedermanns Sache ist. Au Backe! Dürfen die das? Der Fragesteller nimmt im Lied eine ambivalente Haltung ein. Die Strophen des Songs werden wie Kinderliedreime gesungen. Das ist klug gewählt, gewinnen die »Igitt-Machenschaften« der Freunde dadurch doch enorm an Normalität. Aber ist das tatsächlich erlaubt, fragt die erschrockene Gegenseite. Warum nicht, so lange sich der Staat aus der Unterhose raushält!

25. MENSCHEN

(Text: Bela B, 2021, aus dem Album *DUNKEL*)

Ich schlag die Zeitung auf und denke mir was für'n Theater
ich glaub die ganze Menschheit sollte mal zum Psychiater
der Zustand ist ein harter – ganz und gar desolater
und darum nährt sich der Verdacht
Menschen sind für Menschen – nicht gemacht

Wir geben uns nicht mal Mühe
diesen Zustand zu übertünchen
wenn eine einen Fehler macht
würden wir sie dafür allzu gerne lynchen
ein Forum ist ein Forum
nur mit ernstgemeinten Todeswünschen

All das bestätigt den Verdacht
Menschen sind für Menschen – nicht gemacht

Die Menschheit ist ein Arschloch, Baby
ist sie immer schon gewesen
immer mehr – immer ich
statt mal ein Problem gemeinsam lösen

Der Schluss der sich daraus ergibt
Menschen haben Menschen – nicht lieb …
einfach mal nicht lieb

Moderne Anreden und Grußformeln kennt jeder. Sie beginnen oder enden oft so: »Liebe ...«, Lieber ...«, »Liebe Grüße«. Schöne liebe Gegenwart! Die Disney-Wattierung will selbst ein wildes Raubtier wie den Bären zum Knuddel-Spielkameraden erklären. Aber weder die Natur noch unsere Spezies sind per se goldig. Man muss kein Zyniker sein, um ob des vielen Hauens und Stechens der Gegenwart zum Gedanken verleitet zu werden, dass Menschen für Menschen nicht gemacht sind. Bela B formt aus der Verzweiflung jedes Einzelnen einen Appell ans Gemeinsame. Probleme lassen sich lösen, sofern der angewiderte Rückzug ins vermeintlich Heimelige nicht der Weisheit letzter Schluss ist.

26. Motherfucker 666

(Text: Farin Urlaub, 1996, aus dem Album *Le Frisur*)

Ich scheiß auf ihre Maße, ich scheiß auf ihr Gewicht
Ich scheiß auf ihre Nase und ich scheiß auf ihr Gesicht
Ist das Kinn zu weit hinten und die Zähne zu weit vorn?
Hat sie viel zu große Füße oder viel zu kleine Ohrn?
Ich scheiß auf ihre Blödheit, ich bin ja selber dumm
Und ihre schiefen Knie, die nehm ich ihr nicht krumm
Ich scheiß auf ihre Beine, ich scheiß auf die Figur
Für mich zählt nur das eine:

Die Frisur, die Frisur

Ich scheiß auf ihren Buckel und auf den Mundgeruch
Langweilige Frauen gibt es wirklich schon genug
Ich scheiß auf ihr Gemecker und ich scheiß auf ihr Geschrei
Ihre schlechte Laune ist mir völlig einerlei
Ich scheiße auf ihr Ecstasy, ich scheiße auf ihr Crack
Ich scheiß auf ihre Drogen und das ganze Spritzbesteck
Ich will nicht mit ihr ficken, da bin ich ziemlich stur
Nur eins kann mich entzücken:

Die Frisur …

Ich scheiß auf Claudia Schiffer, auf Lagerfeld und Joop
Ich scheiß auf schnelle Brüter und das Hubble-Teleskop
Ich scheiße auf Spaghetti, ich scheiße auf Spagat
Ich scheiße auf die Bullen und ich scheiß auf diesen Staat >

Ich scheiße auf die Chaos-Tage und auf das System
Ich scheiße auf Tornados, ich scheiße auch auf Erdbeben
Ich scheiße auf den Teufel und auf die Müllabfuhr
Nur eins ist wirklich wichtig:

Die Frisur!

Ein männliches lyrisches Ich, dessen Sinneswahrnehmung von Extremen geprägt ist, äußert sich in diesem von Farin Urlaub bös betitelten Song. Ihm ist offensichtlich beinahe alles egal, sogar Tornados, Mundgeruch und Drogenspritzbesteck. Selbst die heilige Kuh Geschlechtsverkehr negiert es. Das besondere Merkmal des Strophenaufbaus liegt in der Kinderliedreimform begründet, die jedoch mit »erwachsenen« Themen wie »Chaos-Tage«[8] *und »Crack« gefüllt ist. Boulevard-Zugehörige wie Karl Lagerfeld und Wolfgang Joop werden Atomkraftwerken (»schnelle Brüter«)*[9] *und dem Hubble-Teleskop*[10] *gegenübergestellt, was die Frage aufwirft, in welchem Zusammenhang sie zueinanderstehen. Die Antwort: in keinem! Sie ergeben jedoch wohlklingende Reime. Und nebenbei werden den zuhörenden Ohren technische Errungenschaften untergejubelt.*

27. NichtWissen

(Text: Bela B, 2003, aus dem Album *Geräusch*)

Schuldig oder nicht – wir wollns nicht wissen
Wer die Wahrheit spricht – wir wollns nicht wissen
Wie viel ist Leben wirklich wert – wir wollns nicht wissen
Warum ist Ernie fies zu Bert – wir wollns nicht wissen

Ab wann zählt man zur Dritten Welt – wir wollns nicht wissen
Was macht die Bank mit unserm Geld – wir wollns nicht wissen
Wir wollns nicht wissen – das wolln wir nicht wissen

Geht es andern schlecht – wir wollns nicht wissen
Sind wir zu selbstgerecht – wir wollns nicht wissen
Warum dreht plötzlich jemand durch – wir wollns nicht wissen
Und wem nutzt unsre Furcht – wir wollns nicht wissen

Denn weil Wissen nur belastet, wolln wir nicht Mitwisser sein
Wir lassen es unangetastet – das Gewissen, es bleibt rein
Porentief rein

Macht Atomkraft heut noch Sinn – wir wollns nicht wissen
Was ist in unserm Essen drin – wir wollns nicht wissen

Wie wird man obdachlos – wir wollns nicht wissen
Ist das Ozonloch echt so groß – wir wollns nicht wissen
Wir wollns nicht wissen – das wolln wir nicht wissen

Denn weil Wissen nur belastet …

Gibt es mehr Minen als CDs – wir wollns nicht wissen
Ist Politik wahrheitsgemäß – wir wollns nicht wissen

Fühlen Tiere Schmerz – wir wollns nicht wissen
Sind die ärzte schon Kommerz – ich wills nicht wissen
Wir wollns nicht wissen – das wolln wir nicht wissen

Denn weil Wissen nur belastet …

Sind ihre Brüste wirklich echt – das wolln wir wissen
Bekommen die Reichen immer Recht – das wolln wir wissen
Selbst die kleinste Ferkelei – wir wolln sie wissen
Wann ist das alles vorbei?
Wir werdens bald wissen

Tatsachen nicht zu achten und sie zu leugnen, spielt jenen zynischen Großmäulern in die Karten, die sogenannten Unterprivilegierten lügenintensiv Vorteile versprechen. Der »Seher« Bela B nahm 2003, als dieser Song erschien, vorweg, was heute allgegenwärtig ist: Jeder Scheißdreck ist eine Ereignismeldung wert, während hässliche menschengemacht-bleibende Umtriebe möglichst nicht störend unter den großen Society-Teppich gekehrt werden. Vermutlich ist es einfacher, den Bundeshaushalt komplett zu sanieren, als den Langzeiteffekt der Ignoranz auf das mentale Befinden allein nur in diesem Land zu neutralisieren. Indes, wollen wir das wirklich wissen? Wären gesellschaftszersetzende Mythenerzähler samt faschistoiden Phantasien überhaupt präsent, wenn wir nicht in unvergleichbarer Ignoranz badeten?

28. Nur einen Kuss

(Text: Farin Urlaub, 2007, aus dem Album *Jazz ist anders*)

Nur einen Kuss – mehr will ich nicht von dir
Der Sommer war kurz, der Winter steht vor der Tür
Wenn du mich nicht küsst, bleibst du vielleicht allein
Und wer will schon im Winter alleine sein?
Ich bekam meinen Kuss und gab ihr mein Herz dafür

Bald darauf kam ein Fremder in unsere Stadt
(Doch ich glaubte an die Liebe)
Ich weiß nicht, was sie in ihm gesehen hat
(Und ich glaubte an die Liebe)
Sie begann sich sehr für ihn zu interessieren
Wir waren ein Paar, was sollte schon passieren?
Doch bald darauf wendete sich das Blatt

Beim ersten Schnee waren wir nicht mehr zusammen
(Doch ich glaubte an die Liebe)
Weil der fremde Mann kam und sie mir wegnahm
(Ich glaubte trotzdem an die Liebe)
Ein paar Wochen lang nur strahlte sie vor Glück
Dann ging er fort und sagte, er sei bald zurück
Sie wartete noch, als schon der Frühling kam

Das Gras wurde grün, sie wurde dünn und blass
(Denn sie glaubte an die Liebe)
Weil sie jeden Tag weinend am Fenster saß
(Viel zu groß war ihre Liebe) >

Ob sie wohl an ihn dachte, als sie schließlich starb?
Ich legte eine rote Rose auf ihr Grab
Sag mir, worauf ist in dieser Welt Verlass?

Monatelang reiste ich durch das Land
Sonst war mir nicht viel geblieben
Es war schon fast Herbst, als ich ihn endlich fand
Da stand ihre große Liebe
Ich lud ihn ein zum Trinken, bis es dunkel war
Er wankte zwar, doch ahnte nichts von der Gefahr
Bis ich ihn dann an einem Baum festband

Der Vollmond ging auf, mein Messer war kalt wie er
Sag mir, glaubst du an die Liebe?
Erinnerst du dich? Es ist nicht so lange her
Das ist der Preis für deine Liebe
Ich schnitt den Fremden auf – bloß ein kleines Stück
Und ich holte mir mein Herz zurück
Dann kehrte ich heim; doch geküsst habe ich nie mehr
(Denn ich glaube nicht mehr an die Liebe)
Nie mehr
(Nicht mehr an die Liebe)
Nie mehr
Niemals mehr

Die moralische Forderung, die in diesem Text durch das lyrische Ich skizziert wird, ist die Liebe. Der Protagonist begreift sie als Tauschgeschäft – geben und nehmen. Sie gibt ihm einen Kuss, er reicht ihr sein Herz dafür. Doch das kommt einem Täuschungsmanöver gleich, schließlich kann niemand die Folgen eines ein-

zelnen Kusses absehen. Als Rumba arrangiert, mäandert der Song inhaltlich-strukturell zwischen Moritat- und Mörderballadenform. Der plötzlich auftauchende Fremde, dem die Herzbeschenkte zugetan ist, verlässt bald die Stadt. Sie wird dünn und blass, verstirbt, womit die dunkelromantische Geschichte ihrem Fanal entgegensteuert: Dem Fremden wird aufgelauert, er lässt sich bewirtschaften und findet sich schließlich an einen Baum gebunden wieder, bald ohne Herz, in dem der Kussbedürftige sein eigenes wähnt.

29. Opfer

(Text: Farin Urlaub, 1995, aus dem Album *Planet Punk*)

In den Tiefen mancher Seele tun sich Abgründe auf
Schlechte Menschen, Missetäter gab es immer zuhauf
Räuber und Banditen, Mörder auch sogar
Dies ist jetzt das Lied von einem, der ihr König war
Dies ist jetzt das Lied von einem, der ihr König war

Ich verkaufe Terror, ich verkaufe Tod
Elend, Leid und Schmerzen sind bei mir im Angebot
Ich biete eine Lösung für fast jedes Problem
Effektiv, präzise, sauber, billig und bequem
Ich exportiere in die ganze Welt
Die Aktien steigen, das ist es, was zählt

Ich bin nur ein Opfer des Kapitalismus
Ich bin nur ein Opfer des Kapitalismus

Es kommt nur auf den Standpunkt an, von dem man so was sieht
Denk an die Rendite, denk an den Profit!
An jedem zweiten Krüppel verdien ich eine Mark
Und wenn er am Krepieren ist, verkauf ich ihm den Sarg!
Red nicht dauernd von Moral
Woher das Geld kommt, ist doch egal

Ich bin nur ein Opfer des Kapitalismus

Geld alleine regiert entgegen einer anderslautenden Binse nicht die Welt. Machthungerbedingter Mord ist der eigentliche Regent. Um ihn massenhaft begehen zu können, braucht es Mordwerkzeuge, Waffen, deren Herstellung und Export satte Rendite verspricht. Das Gerede vom Wohlstand meint vor allem die Gewinnmaximierung weniger, die vom Kreislauf des Geldes profitieren, der mit dem Verkauf von Kriegswaffen in Gang gehalten wird. Der 34. US-Präsident Dwight D. Eisenhower hielt in seiner moralischen »Chance for Peace«-Rede am 16. April 1953 dagegen: »Jede Waffe, die gebaut wird, jedes Kriegsschiff, das vom Stapel läuft, jede Rakete, die abgefeuert wird, stellt letztlich einen Diebstahl an denen dar, die nicht satt werden und hungern, an denen, die nicht gekleidet sind und frieren.«

30. Rock'n'Roll Übermensch

(Text: Bela B & Rodrigo González, 2000, aus dem Album *Runter mit den Spendierhosen, Unsichtbarer!*)

Es erwartet Gottes Lohn, wer sich bemüht im Leben schon
Und so geh ich von Tür zu Tür, trag meine Botschaft
stets bei mir
Die Welt, sie ist ein Freudenhaus und wir machen
das Beste draus
Ich biete euch den Opferstock und außerdem
Bin ich noch total Rock
Ich bin der Rock'n'Roll-Übermensch
Bin der Rock'n'Roll-Übermensch

Ich bin nicht dick, etwas vielleicht.
Ich hör Musik, Hauptsache seicht
Dem Star Trek widme ich die Zeit meiner gesamten Wenigkeit
Zu Treffen fahr ich immer hin, wo ich bei meinesgleichen bin
Trag manchmal Ohrn wie Mr. Spock, und außerdem

Bin ich noch total Rock

Ich trag ein Fell und bin gescheckt
Mein Herrchen weiß, was mir so schmeckt
Ich spiel auch gern mit Häkelgarn
Und Baldrian schmeckt abgefahrn
Ich bin nicht lieb, nur weil ich muss
Und brumme gerne bei Genuss
Mein Frauchen kommt, wenn ich sie lock, doch außerdem

Bin ich noch total Rock
Ich bin der Rock'n'Roll-Überkater
Bin der Rock'n'Roll-Übervater
Bin der Rock'n'Roll-Übermensch

Ich fliege über euer Land
Bin von fernen Galaxien zu euch gesandt
Und unser Megalaserstrahl
Bringt euch bald um, so ists nun mal
Um Gnade winseln nützt euch nichts
Ich tu schließlich nur meine Pflicht
Das habt ihr euch selbst eingebrockt, trotz alledem

Bin ich noch total Rock
Ich bin der Rock'n'Roll-Alien
Tu die Apokalypse bewerkstelligen
Ich bin der Rock'n'Roll-Alien
Tu die Apokalypse bewerkstelligen
Tu euch mit Tod und Verderben behelligen

Aufmerksamkeitsökonomisch war der Begriff »Rock« in den 1990er Jahren eine kassenklingelnde Wucht. Alles »rockte« oder wurde wahlweise in Richtung Unmündigkeit »gerockt«. Sensible Rock-Typen wie Bela B und Rodrigo González konnten dem damaligen Marketingsprechtreiben selbstverständlich nicht tatenlos zusehen. Ein neues Jahrhundert stand bevor, das einer neuen, zukunftsorientierten »Rock«-Deutung bedurfte. Da der Mensch an seinen Aufgaben wächst, wie man sagt, wuchs beiden Liedschreibern die rockförderlich-erfundene Gestalt über den Kopf. Als ob Kryptisch eine in der Schule gelehrte Sprache wäre, zählt der »Rock« in vager Form vom Herrchen gewünschte Verkörperungen auf – natürlich zu futuristischen Klängen, damit er auch morgen noch kräftig »zurocken« kann.

31. Scheißtyp

(Text: Bela B, 1984, vom Album *Debil*)

Siehst du gerne andere leiden? Oder hilfst du nach,
wenns nicht so ist?
Dabei störn dich keine Skrupel, weil du ein echter
Scheißtyp bist
Trittst du Hunde in der U-Bahn? Trittst du Omas im Bus?
Und hast du mal Masern, gibst du Mutti 'nen Kuss?
Gibst du dich erst dann zufrieden, wenn andere
am Boden sind?
Doch du machst vor dir nicht Halt: Du warst Scheiße
schon als Kind

Weil duhuhuhu ein Scheißtyp bist!
Weil duhuhuhu ein Scheißtyp bist!

Hast du einen Augenfehler? Oder etwa Hautausschlag?
Kannst du dir sehr viel erlauben, weil dich einfach keiner mag?
Trittst du Hunde in der U-Bahn? Trittst du Omas im Bus?
Und hast du mal Masern, gibst du Mutti 'nen Kuss?

Weil duhuhuhu ein Scheißtyp bist!
Weil duhuhuhu ein Scheißtyp bist!
Du Scheißtyp! Du Scheißtyp! Du Scheißtyp!

November 1984. Die Welt steht am Abgrund: Limahl[11] ist bei Kajagoogoo[12] rausgeflogen, Laura Branigan[13] beklagt den Verlust der Selbstkontrolle. Hoffnung kommt aus Berlin. Die Ärzte selbstermächtigen sich, den Mangel an Mitgefühl poetisch zu betrachten. Bela B verlautbart in seiner »Scheißtyp«-Betrachtung: Ohne Selbstwert kein Bewusstsein für die Bedürfnisse anderer Menschen! Das Lied ist die erste Empathie-Deklaration im Textkanon der Band; infolge des Querverweises auf die Kinderkrankheit Masern noch niedlich vermittelt. 40 Jahre später entfachen allgegenwärtige Scheißtypen sozialpolitische Flächenbrände.

32. SCHREI

(Text: Rodrigo González, 2021, aus dem Album *DUNKEL*)

Wann hört es jemals auf
bin permanent so drauf
tief in mir sitzt ein Mann
der ganz mächtig wütend schreien kann

er bohrt sich seine Kammer

bewaffnet mit einem Presslufthammer
Geheul! Schreie und Gejammer!!
SCHNELLER!!! LAUTER!!!! STRAMMER!!!!!

kein Kraut und Medizin
kann ihm die Luft entziehen
mit Speed und Energie
Power-Heavy-Metal-Agoooonie!!!

mich kriegt hier keiner raus
ich bin jetzt hier zuhaus
ich grab mich tiefer ein
ich freue mich drauf
euch weiter anzuschreien

Wer ist der Schreier, den Rodrigo González in wenigen punktgenau gesetzten Zeilen porträtiert? Es könnte sich um den übergeschnappten Bunkerbewohner aus dem amerikanischen Spielfilm 10 Cloverfield Lane *handeln, der sich wütend der Außenwelt verschließt. Er weist eine gewisse Charakterparallele zu narzisstischen Selbstdarstellern auf, die in öffentlichen Verkehrsmitteln in Handys brüllen, damit die Umwelt gefälligst an ihren Leben teilnimmt. Keifende »Querdenker«, die sich während der Coronapandemie im Grunde genommen wegen Kleinigkeiten radikalisierten, spielen der geschilderten Kakophonie der Schlagwörter außerdem zu. Meinungen sind Meinungen. Sie werden in herausgeschriener Form keineswegs relevanter.*

33. Schrei nach Liebe

(Text: Bela B & Farin Urlaub, 1993, aus dem Album *Die Bestie in Menschengestalt*)

Du bist wirklich saudumm, darum gehts dir gut
Hass ist deine Attitüde, ständig kocht dein Blut
Alles muss man dir erklären, weil du wirklich gar nichts weißt
Höchstwahrscheinlich nicht einmal, was Attitüde heißt

Deine Gewalt ist nur ein stummer Schrei nach Liebe
Deine Springerstiefel sehnen sich nach Zärtlichkeit
Du hast nie gelernt dich zu artikulieren
Und deine Eltern hatten niemals für dich Zeit
(Ohoho) Arschloch!

Warum hast du Angst vorm Streicheln? Was soll all der Terz?
Unterm Lorbeerkranz mit Eicheln, weiß ich, schlägt ein Herz
Und Romantik ist für dich nicht bloß graue Theorie
Zwischen Störkraft und den Onkelz steht 'ne Kuschelrock-LP

Deine Gewalt ist nur ein stummer Schrei nach Liebe
Deine Springerstiefel sehnen sich nach Zärtlichkeit
Du hast nie gelernt dich zu artikulieren
Und deine Eltern hatten niemals für dich Zeit
(Ohoho) Arschloch!

Weil du Probleme hast, die keinen interessieren
Weil du Schiss vorm Schmusen hast, bist du ein Faschist
Du musst deinen Selbsthass nicht auf andere projizieren
Damit keiner merkt, was für ein lieber Kerl du bist

Deine Gewalt ist nur ein stummer Schrei nach Liebe
Deine Springerstiefel sehnen sich nach Zärtlichkeit
Du hast nie gelernt dich artizukulieren
Und deine Freundin, die hat niemals für dich Zeit
(Ohoho) Arschloch! Arschloch! Arschloch!!!

Nach den gewalttätigen Angriffen Rechtsradikaler auf Asylsuchende in Hoyerswerda (1991) und Rostock-Lichtenhagen (1992) und dem Brandanschlag auf eine türkischstämmige Familie in Solingen ein Jahr später, wurden 1993 Menschenketten des Protests gegen Nationalismus und Nazismus gebildet – gut, aber zu wenig. Es herrschte finstere Pogromstimmung, die eines klar artikulierten Widerspruchs bedurfte: »Schrei nach Liebe«. Bündig, klug und treffsicher von Bela B und Farin Urlaub formuliert, währen die gewählten Worte gerade ob ihrer intendierten ironischen Bruchstellen ewig. Beispiel: »artizukulieren«. Die Vokabel gibt es nicht, in ihr manifestiert sich jedoch exakt jener Verdreher, der das Belehrende des lyrischen Ichs in Frage stellt, da ihm ein sprachlicher Fehler unterläuft. Die Quintessenz des Songs: Selbstabwertung wird externalisiert, Schuld an der eigenen Misere sind sogenannte andere.

34. Sohn der Leere

(Text: Rodrigo González, 2012, aus dem Album *Auch*)

Da ist nicht so viel
Regeln ohne Spiel
oh yeah
und bis zum Horizont ist niemand der hier wohnt

es braucht ja auch kein Wort
es ist niemand an diesem Ort
oh yeah
Nord, Süd, Ost und West, nicht mal ein kleiner Rest

Das große Ungenie, der Meister der Amnesie
oh yeah
habe die Ehre – ich bin der Sohn der absoluten Leere

früher waren hier noch Wiesen
Elfen, Einhörner und Riesen
oh yeah
dann kam der große Knall und alles verschwand im Hall

Das große Ungenie, der Meister der Amnesie
oh yeah
habe die Ehre – ich bin der Sohn der absoluten Leere

Das große Ungenie, der Meister der Amnesie
oh yeah
habe die Ehre – ich bin der Sohn der absoluten Leere

Der »Sohn der Leere« erntet in der Regel den Lohn der Leere. Nichts trifft auf wieder nichts und schafft meisterhaft, machtversessen gar nichts außer Vernichtung. So oder so ähnlich lässt sich der Text auslegen. Möglicherweise sollen die Worte aus Rodrigo González' Feder jedoch ganz anders verstanden werden. Erklären mag er sie nicht. Sie gewinnen jedoch an Gewicht vor dem Hintergrund früh gemachter Lebenserfahrungen ihres Autors. Als Sechsjähriger floh González mit seiner Familie aus seinem Heimatland Chile vor den menschenverachtenden Machenschaften des Diktators Augusto Pinochet.

35. T-Error

(Text: Rodrigo González & Donna Blitz, 2003, aus dem Album *Geräusch*)

Ich ruf dich an, du bist mein Gott der Rock'n'Roll-Musik
Wie es dir geht, will wissen, wie es in deinem Kopf aussieht
Du bist bestimmt allein und hast gerade voll viel Zeit
Du brauchst mich doch – du willst mich, gib mir mehr
Aufmerksamkeit!
Ich ruf dich an, wähle die Zahlen

Ich ruf dich an, ich ruf dich an
(Doch du gehst nicht ran) (Doch du gehst nicht ran)
Ich ruf dich an, ich ruf dich an
(Doch du gehst nicht ran) (Doch du gehst nicht ran)
Du gehst nicht ran!

Ich hab schon tausendmal, Tag und Nacht, bei dir probiert –
geh doch mal ran!
Versucht dich anzurufen, doch du hast nicht reagiert
Ich geb dir alles, was ich hab, du bist so undankbar
Bist arrogant und ignorant, spiel hier doch nicht den Star!
Du wirst schon sehen, das Lachen wird dir vergehen

Ich ruf dich an, ich ruf dich an
(Doch du gehst nicht ran) (Doch du gehst nicht ran)
Ich ruf dich an, ich ruf dich an
(Doch du gehst nicht ran) (Doch du gehst nicht ran)
Du gehst nicht ran!

Ich weiß, wo du wohnst
Wo dein Auto steht
Was du heute trägst
Wo du shoppen gehst

Ich komm gleich mal rüber
Dann kriegst du eine drüber
Ich will mein Geld zurück
Du arrogantes Stück
Es fliegen Steine
Auf Rockstar-Schweine.

Mit Stalking-Wahnsinn sahen sich bereits viele Opfer konfrontiert: die verstorbene englische Königin, Billie Eilish, die Ex-Geliebte vom Ex-Geliebten und natürlich Die Beste Band der Welt. Telefonrechnungen wurden geklaut und seziert, private Fotos, die per Post kamen, erreichten den Empfänger »auf mysteriöse Weise« nicht. Warum der ganze Terror? Je nach Obsessionsgrad sind Fans zu beinahe allem bereit. Der geneigte Irrsinnige denkt, dem »Gott der Rock'n'Roll-Musik« des Erwerbs seiner Platten und Konzertkarten wegen besonders nahe zu stehen. Und was ist der Lohn für all die hart erarbeitete psychotisch vermittelte Mühe? Undankbarkeit, bestenfalls geteilte Aufmerksamkeit, Ignoranz! Das Drama nimmt seinen Lauf, der »Fan« will sein Geld zurück und schmeißt Steine gegen Rockstar-Schweine. Was für ein Reim!

36. Tu das nicht

(Text: Bela B, 2007, aus dem Album *Jazz ist anders*)

Bitte, tu das nicht – tu das nicht – tu das nicht
Bitte, tu das nicht – tu das nicht – tu das nicht
Oder willst du, dass mein Herz zerbricht
Das willst du nicht – das willst du nicht
Also bitte, tu das nicht – tu das nicht – tu das nicht

Du raubkopierst – und saugst dir die Musik
Dass du dich nicht genierst – da draußen,
da herrscht Krieg
Du nimmst dir die Songs für umsonst und für lau
Die Polizei jagt dich und die steckt dich in den Bau
Zu Mördern, Terroristen – und du merkst schnell
Hier kommst du nicht mehr raus, das ist deine Klientel
Für dich, du Schwein, ist jetzt alles zu spät
Das kommt davon, wenn man illegal Musik runterlädt
Wird Zeit, dass dir endlich einer deine Grenzen zeigt
Im Hochsicherheitstrakt – versuchs doch mal
mit Hungerstreik
Du wärst nicht der Erste, der hier den Verstand verliert
In deinem Abschiedsbrief steht: »Mama, ich hab doch nur
raubkopiert
Warum muss ich das erleiden, ich bin doch noch so jung«
Und es läuft keine Musik auf deiner Beerdigung – so!!

Also bitte
TU DAS NICHT!

2007. Nicht nur der Jazz war anders, auch die Sache mit dem Toasten. Man stelle sich vor: Ein Brothersteller verkauft parallel zu seinem Kernangebot Toaster und stellt anschließend erschrocken fest, wie perfide oft Teigwaren aus seiner Manufaktur geröstet werden. Auf die Musikindustrie übertragen lautete die Gleichung: Kauft unsere Laptop- und CD-Brenner-Geräte, kauft auch die Musik aus unserer Herstellung, aber hütet euch vor deren Vervielfältigung, um nicht im Bau zu enden! Musik- und Filmgenuss gingen teils drastisch dargestellte Drohungen voraus. Spaß war anders. Als Musikschaffender wurde Bela B damals nonstop mit dem Thema Raubkopieren und dessen zynischen Artverwandten konfrontiert. Grund genug für eine einschneidende Songtextwatsche im Jammertal der Musikindustrie.

37. Vermissen, Baby

(Text: Bela B & Rodrigo González, 1995, aus dem Album *Planet Punk*)

Die ganze Zeit war ich für dich da, weiß nicht, wie's dazu kam
An mir hats nicht gelegen, Baby, so viel ist wohl klar
Allzeit bereit, du kennst mich, Baby, immer Feueralarm
Gegen mich wirkt Spanische Fliege wie Maoam

Du wirst mich vermissen, Baby

Du hast mich verlassen, wirklich kaum zu fassen
Siehst du nicht, wie all die anderen
Baby, gegen mich verblassen?
Das war dein Recht nicht, ey, Baby, echt nicht
Die Frau vom Mann
Nicht der Mann von der Frau wird hier verlassen

Du wirst mich vermissen, Baby

Wirst mich vermissen, Baby (Gudrun Landgrebe)
Wirst mich vermissen, Baby
(Loving you was like loving the death)

Du liegst ganz allein im Bett, spielst an dir rum
Und du vermisst mich, Baby
So ganz allein im Bett, Baby, tja, das ist dumm
Und du vermisst mich, Baby
Statt feinste Schmankerl nur noch Fleischwurst, »eben drum«
Und du vermisst mich, Baby

Die ganze Zeit war ich für dich da
Doch du hast mich verlassen
Neue Küche, neuer Staubsauger
Doch du hast mich verlassen
Was ist bloß los mit dir, du hattest nie Grund zur Klage
Nur die Ruhe, trink dir erst mal 'n Bier
Sind sicher nur deine Tage

Du wirst mich vermissen, Baby

Diese Persiflage aufs klassische Trennungslied lässt noch mal den Odeur-Mief der Bonner Republik der 1970er Jahre wie ranziges Fett in die Nase steigen. Das Patriarchat erwartete von Frauen neben frisch geputzten Hausschuhen, Abendessen und Bier noch Unterlegenheit. Weibliche Selbstbestimmung degradierte die männerdominierte Welt kaltschnäuzig zum »Emanzen«-Thema. Als testosteronstrotzender Kerl hält sich das lyrische Ich in diesem Text für das schärfste Aphrodisiakum schlechthin, was es in den Verzweiflungswahnsinn treibt. Wie kann sie es wagen, es zu verlassen, wo der Mann doch traditionell die Frau verlässt? Sie bekam alles, was das Frauenherz begehrt: neue Küche, neuen Staubsauger. Dass ihr Begehren ein anderes ist, checkt der selbstverliebte Macho nicht. So kann's gehen in der männergemachten Idylle.

38a. Vokuhila Superstar

(Text: Bela B, 1996, aus dem Album *Le Frisur*)

Vorne kurz und hinten lang
Und meistens noch 'ne Zündschnur dran
Die Frisur ist dein Programm
Nichts ficht dich so einfach an
Um lockere Sprüche nie verlegen
Im steten Nebel liegt dein Bregen
Immer lustig und vergnügt
Bis der Arsch im Sarge liegt
Ballerst du durch diese Welt
Peter Maffay ist dein Held
Maffay ist dein Held in deiner kleinen Welt

Du hast eine …

… Vokuhila, du bist der Star, von dem der Chor hier singt
Na, alles klar? Vokuhila, unser Frisurenking
Bist echt korrekt, hast es gecheckt – cool, alles easy, Mann!
Vokuhila, du bist gut drauf, hast Plan. Hey, alles easy, Mann!

Obwohl es schwer zu glauben ist
Weiß ich, dass du eitel bist
Mit Packung, Shampoo, Haarkur, Fön
Hat man dich schon oft gesehen
Du bist von einem andern Stern
Wie soll ich mir das sonst erklärn?
Ihr tut so harmlos und debil
Doch ich durchschaue euer Spiel: >

Die Weltherrschaft, die strebt ihr an
Und dann verpasst ihr jedem Mann
Wirklich jedem Mann
Auch Frauen kommen dann zu einer …

… Vokuhila, du bist der Star, von dem der Chor hier singt …

Haargel, Öl und Pferdeschwanz verlangen sehr viel Toleranz
Es glaubt doch höchstens noch ein Kind
Dass Zickenbärte kleidsam sind
Und ganz besonders der beliebte Oberlippenbart
Ist ein Gigant der Widerwart
Mit zottigen Dreadlocks
Fand jetzt die Wissenschaft heraus
Sehn Haare nicht mehr fettig aus
Doch warum, frag ich mich betrübt
Sind Vokuhilas so beliebt?
Warum tragt ihr sie? Warum tragt ihr sie?
Sagt, warum tragt ihr sie? Eure …

… Vokuhila …

Ein monolithischer Song aus dem Meilensteinwerk über Haare: Le Frisur. *Den zugehörigen Text würde Bela B heute vermutlich anders formulieren. Haarmode-Trends und Geschmäcker kommen, gehen, kehren modifiziert zurück. Am lyrischen Impetus dieses Lieds gibts jedoch nichts zu rütteln. Dem Hairstyling des Grauens, der 1980er-Jahre-Standardfrisur Vokuhila (»vorne kurz, hinten lang«), wird ein fransiges Denkmal gesetzt – mit lieblichem Chorgesang und mattenschneidendem Gitarrenriff.*

Warum die Band überhaupt ein Album über Haare aufnahm? Ist ein solches Unterfangen nicht komplett abwegig? Eben deswegen ist es entstanden. Die Ärzte trauen sich was, sie müssen nichts beweisen, können aber die drei Originale sein, die sie sind. Selbstverständlich auch im Kontext von Haaren. Solange die nicht ausfallen, versteht sich.

38b. Vorbei ist vorbei

(Text: Farin Urlaub, 2007, aus dem Album *Jazz ist anders*)

Niemand weiß, was ihn erwartet
Niemand weiß, wie es weitergeht
Und du liest jeden Tag dein Horoskop
Auch wenn gar nichts darin steht

Du hast nur dies eine Leben
Wenns vorbei ist, ists vorbei
Nimms nicht so schwer – denn das Wichtigste ist doch:
Du hattest eine schöne Zeit – eine herrliche Zeit

Klammer dich nicht so an gestern
Heut ist auch ein schöner Tag
Hab keine Angst – es könnte sehr viel schlimmer sein
Schließ die Augen und sei stark

Du hast nur dies eine Leben
Wenns vorbei ist, ists vorbei
Nimms nicht schwer – denn das Wichtigste ist doch:
Du hattest eine schöne Zeit – eine herrliche Zeit

Du hast nur dies eine Leben
Wenns vorbei ist, ists vorbei
Nimms nicht so schwer – denn das Wichtigste ist doch:
Du hattest eine schöne Zeit

Wir haben nur dies eine Leben
Wenns vorbei ist, ists vorbei

Obacht, werte Achtsamkeitsgelehrte und Selbstoptimierer: Die Endlichkeit des Lebens zu begreifen und zu akzeptieren macht selbiges leichter. Einfach so, ohne Mantras und Affirmationssätze. Dieser Song – ein fast schon archetypisch-optimistisches F.-Urlaub-Geisteserzeugnis! – lässt einen trotz aller Ängste dem Leben förmlich gewichtslos entgegenlaufen. Es gibt nicht viele Songs, die dem nicht weiter spezifizierten guten Gefühl derart nonchalant Vorschub leisten wie dieses. »Up, Up and Away«[14] *von Jimmy Webb fällt ein. Gleichwohl ist dieser Die-Ärzte-Song keine Anleitung zum Fatalismus. Vielmehr formuliert er zwischen den Zeilen eine Option: Kalenderblattsprüche sind schön und gut, besser ist's jedoch, du schreibst deine eigenen. Zufriedenheit wird nicht gereicht, die gibt sich jeder selbst. Carpe diem!*

39. Waldspaziergang mit Folgen

(Text: Farin Urlaub, 2012, aus dem Album *Auch*)

Ich ging spazieren im Wald, ich musste einfach hinaus
da sah ich ein Stück Holz, das sah heilig aus
also steckte ich es ein, nahm es mit nach Haus
und da schnitzte ich mir einen Gott daraus

Dann hab ich meinen Gott ins Regal gestellt
da hat er einen schönen Ausblick über die Welt
und solange er nichts verspricht, was er später nicht hält
muss ich sagen, dass mir Gott ziemlich gut gefällt
wenn auch andere behaupten, das wäre nicht normal
ich habe einen Gott bei mir im Regal

Und schon bald darauf begannen ein paar Wunder zu
geschehen:
ich wurde unglaublich reich und noch unglaublicher schön
ich brachte Lahme zum Rennen und die Blinden zum Sehen
und natürlich konnte ich auch über Wasser gehen

Ich hab mir einen Gott ins Regal gestellt
und ich hoffe, dass er dort nicht hinunterfällt
und solange er nichts verspricht, was er später nicht hält
ist er doch eine Bereicherung für diese Welt
auch wenn andere behaupten, ich wäre nicht normal
ich habe einen Gott (einen Gott, einen Gott)
bei mir im Regal

Jetzt hatte ich alles: Ruhm, Reichtum und Macht
doch man weiß, wie so was ausgeht, hab ich mir gedacht
und so hab ich ihn genommen, irgendwann in der Nacht
und hab ihn wieder zurück in den Wald gebracht

Ich hab mir einen Gott ins Regal gestellt
ich hätte vorher nie gedacht, dass er mir so gut gefällt
und solange er da stand, war er wirklich mein Held
ich hielt ihn für den besten Gott der Welt
andere Leute haben Bücher, das wär mir zu banal
ich hatte einen Gott (ja, ja einen Gott) bei mir im Regal

Von den Großen lernen heißt fürs Texterleben lernen. So wie Mark Twain es in seinen Büchern verstand, einfache Situationen mit spannungsgeladenen Steigerungen zu versehen, baut Farin Urlaub in diesem Song enorme Fallhöhe auf. Die Gottfrage wird ins Riesenhafte aufgebläht bis der Fall zur Pointe folgt. Der Text beginnt poetisch: Die Natur wird als Heiligtum beschrieben, das erblickte Stück Holz ist in seiner vorgefundenen Form vollkommen. Der daraus geschnitzte Gott lässt überzogene Wunder geschehen, die alles Wahrhaftige absurd-profan erscheinen lassen. Gegen Ende der Geschichte liegt das Stück Holz wieder im Wald, schön und in seiner vermeintlichen Schlichtheit viel erhabener als Reichtum, Ruhm und Allmacht.

40. WOODBURGER

(Text: Farin Urlaub, 2020, aus dem Album *HELL*)

Wo kommen all die zornigen Männer her
mit ihrer panischen Angst vor Analverkehr?
Sie sehen aus, als ob sie schon immer wütend waren

Wütend auf alles, was ihnen fremd ist
auf jeden, der nicht ordentlich gekämmt ist
und voller Sehnsucht nach noch mal tausend Jahren

Und es läuft immer nach demselben Schema:
Sie hetzen, sie lügen – und dann wechseln sie das Thema

was haben Boko Haram gemein
mit rechtspopulistischen Volksparteien?
Ohne Angst und Hass können sie nicht überleben

was macht sie bloß so inhuman
ihr Minderwertigkeitskomplex oder der Größenwahn?
Muss es denn auch solche Menschen geben?

ich habe einen Plan, doch der ist noch nicht ganz fertig
ich trete ein in die AfD, und dann werde ich …

… versuchen, das System von innen aufzuräumen. Jaja.

Guten Tag, Herr Hilter, 1a Frisur
ein tolles Aushängeschild für die deutsche Kultur
vielleicht wird XXXXX ja mein Lover?!

Ich muss meinen Ekel überwinden
den Dialog suchen, und Lösungen finden
ich geh für ein paar Jahre undercover

und das Lustige ist: Die halten sich für gute Christen
(der Reim, der jetzt hier kommen sollte, war selbst
mir zu billig …)

man kann nicht immer nur gegen Arschlöcher singen
man muss als Gitarrist auch Opfer bringen
ich trete ein in die AfD, und ich werde …

… dafür sorgen, dass diese widerliche Ausländerfeindlichkeit
ersetzt wird durch bedingungslose Nächstenliebe.
Ich schwöre!

Streicheln – oder Peitschen, wer es härter mag –
das wird ein Gestöhne im Bundestag
ich leg die hässlichen Kerle über die Plenarsaalbänke

Dieses faltige Fleisch, diese hängende Pelle
– mein Kollege sang darüber mal an anderer Stelle –
ich krieg schon Herpes, wenn ich nur daran denke

bei der Fraktionssitzung müssen alle strammstehen
ich werde Vaseline in die Hand nehmen, und ich mach sie …

… zu freundlichen, weltoffenen und empathischen Menschen.
Ich freue mich schon sehr darauf! Zwinkersmiley
Herzchen Herzchen

In den Strophen lässt Farin Urlaub sich über spaßverderbende Rechtspopulisten aus. Von Zeile zu Zeile steigert sich sein wortgewaltig artikulierter Ekel vor den Geistesbrüdern von Boko Haram[15]*. Am Ende vermutet er sogar den Ausbruch von virenbedingten Bläschen in seinem Gesicht. Zur Rettung eilt ihm ein abstrus-gewagter, wenig politisch korrekter Refrain bei, der aus einem einzigen Wort besteht: »schwul«. Der Terminus indoktriniert auf beinahe kindliche Weise und schafft beim Anblick hinlänglich bekannter Nationalisten nur mehr einen Gedanken – »schwul«. Schon ist's vorbei mit ihrem angstsäenden Wunsch, ernst genommen zu werden. Humor entlarvt krampfhaft-seriös vorgetragene Hetze nahezu perfekt als stinkend-heiße Luft. Die* LGBTQ+*-Gemeinde nahm den »Woodburger«-Text gegen vereinzelt geäußerte Homophobie-Vorwürfe in Schutz.*

Anmerkungen

1 *Bryan Ferry:* Englischer Popsänger, der 1985 den Song »Slave to Love« veröffentlichte.

2 *Stevie Wonder:* Amerikanisches Soul-Urgestein, dessen Song »I Just Called to Say I Love You« 1984 zum Welthit wurde.

3 *John Paul Young:* Australischer Sänger, dessen 1977 erschienener Titel »Love Is in the Air« die Disco-Music-Ära mitanführte.

4 *SARS-Epidemie:* Im November 2002 begann das erste weltweite Auftreten des Schweren Akuten Atemwegssyndroms SARS-CoV.

5 *Burt Bacharach:* 1928 geborener und 2023 verstorbener amerikanischer Komponist zahlreicher Popsong-Evergreens.

6 *Floor Toms:* Mit Beinen ausgestattet, ist der Floor Tom neben der Kick-Drum eine der Trommeln mit der tiefsten Tonlage im Schlagzeugset.

7 *George Gershwin:* 1898 geborener und 1937 verstorbener amerikanischer Komponist, Pianist und Dirigent.

8 *Chaos-Tage:* Anfang der 1980er-Jahre wollte die Polizei eine sogenannte Punkerkartei ins Leben rufen, woraufhin sich Punks zusammenschlossen und »Chaos-Tage« ausrichteten, die teils mit gewaltsamen Ausschreitungen einhergingen.

9 *schnelle Brüter:* 1972 in Betrieb genommenes und 1991 stillgelegtes Kernkraftwerk in der nordrhein-westfälischen Stadt Kalkar.

10 *Hubble-Teleskop:* 1990 in Betrieb genommenes Weltraumteleskop, nach dem amerikanischen Astronomen Edwin Hubble benannt.

11 *Limahl:* 1958 geborener englischer Popsänger.

12 *Kajagoogoo:* 1982 gegründete, kurzlebige englische Popband.

13 *Laura Branigan:* 1952 geborene und 2004 verstorbene amerikanische Sängerin, deren »Self Control«-Song hierzulande ein Nummer-1-Hit war.

14 *»Up, Up and Away«:* Evergreen des amerikanischen Songwriters Jimmy Webb aus dem Jahr 1967, der von der Band The 5th Dimension popularisiert wurde.

15 *Boko Haram:* 2002 in Nigeria gegründete islamistische Terrorgruppe, deren oberstes Ziel die Einführung eines Gottesstaates ist.

Nachwort

Die Ärzte dürfen sich mit etlichen Eigenheiten rühmen. Ein wesentliches Merkmal ihres Schaffens ist die Ungezwungenheit. Bela B, Rodrigo González und Farin Urlaub haben dementsprechend Profundes in ihren Songs zu sagen. Ob ihnen Einträge in die Geschichtsbücher winken, ist ihnen herzlich egal. Umso sympathischer wirkt ihre Einladung, sich mit den Inhalten ihrer Songs auseinanderzusetzen.

Rückblende ins Jahr 1984: Die Sicherheitsnadel hat als Symbol der Jugendbewegung Punk längst an revolutionärer Strahlkraft eingebüßt. Welche Relevanz konnte man ihr auch noch zuschreiben, wenn die Erzeuger es sich nicht nehmen ließen, zum abendlichen Discobesuch ihres Nachwuchses die Familienkutsche aus der Garage zu bugsieren! Anders gesagt: Die Jugend steckte vor 40 Jahren gehörig in der Identitätskrise. In Berlin fanden sich unterdessen zwei musikbegeisterte Songschreiber und ein Begleitbassist zusammen. Ihnen muss bereits damals klar gewesen sein, dass Fortschritt ohne Abweichung von der Norm nicht möglich ist. Sie firmierten keck als Die Ärzte und platzierten ihr Debütalbum *Debil* inmitten der Tristesse des juvenilen Aufbegehrens. In ihrer Gesamtheit erinnerte die Einstandsplatte an das berühmte »Zungenbild« Albert Einsteins, das gute 30 Jahre zuvor um die Welt gegangen war. Der Physiker und Nobelpreisträger verstand die ausgestreckte Zunge als Kommentarmanifest zu jeglicher Form von Personenkult. Das war Pop. Yeah! Yeah! Yeah! Die Ärzte spielten zu Beginn ihres Werdegangs in Schuppen, deren desinteressierte Besucher en gros nicht mal vom Auftritt einer Band wussten. Was tun? Frech forderten sie die teils genervten Zuhörer zu »Zugabe«-Rufen auf und versprachen, die Bühne sodann zu verlassen. Natürlich nur, um prompt eine Draufgabe nach der anderen zu spielen. Ihr Treffen von Behauptungen, die anschließend nach Lust und Laune umgeworfen wurden, hellte schon anfänglich düstere Rock-Läden auf. Mehr als eine Dekade und eine mehrjährige Schaffenspause später entstand in Berlin *Le Frisur* – ein meilensteiniges, normabweichendes Konzeptalbum über Haare. Wie bitte? Über Haare? Ja, das Gestrüpp, das auf dem Kopf wächst und irgendwann von selbigem fällt. Die scheinbare Leckt-uns-Haltung im waghalsigen, nie da gewesenen Langspielplatten-Vorstoß wurde freilich textlich substantiell untermauert. Manche fanden es gewagt, das Hubble-Weltraumteleskop in den Kontext der Haarschneidekunst zu stellen. Aber warum eigentlich? Darf lyrisch an Weltbildern gerüttelt werden, um Denkprozesse aus eingefahrenen Bahnen zu befreien? Erhellend ist jenes eindeutige »Ja«, das sich während des Forschens im Die-Ärzte-Songtextkanon antwortend herauskristallisiert.

Geflecht: Die Ärzte

Die Metabotschaften vieler Die-Ärzte-Songs greifen mehr oder weniger klammheimlich die Akzeptanz der Gleichzeitigkeit auf; eine zutiefst gleichberechtigte Sichtweise auf Menschheit, Sinn und Unsinn. Der Musikphilosoph Frank Zappa formulierte das Simultane so: Alles zu jeder Zeit an jedem Ort ohne ersichtlichen Anlass (»Anything, anytime, anyplace for no reason at all«). Diesem Mehrdeutigkeitsgedanken fühlen sich Die Ärzte freundschaftlich verbunden – freilich ohne in eine götzenhafte Verehrung abzugleiten. Individualismus braucht schließlich keine Vorbilder. Möglicherweise duldet er dergleichen nicht einmal. Er bedarf vor allem der permanenten Selbsthinterfragung und der Unabhängigkeit. Die ist bekanntlich wiederum dem Mut förderlich, normenumgehend da zu sein. Eine Festanstellung hatten Die Ärzte nie, weder bei ihren Fans noch in der gefräßigen Welt der Popindustrie. Deren gieriges Maul verschlingt bisweilen alles: Selbstachtung, Mitgefühl, Maßhalten. Wer ihr anheimfällt, erntet Ruhm, während der Narzissmus parallel dazu bisweilen unbarmherzig wächst. Einem aufgeblähten Ego folgt praktisch immer das Waten durch die Untiefen des Selbstmitleids. Bela, Rod und Farin waren und sind mitunter beinahe unverschämt erfolgreich. Ihr Mittel gegen eine Überdramatisierung des Selbst ist die Ambiguität. Mit ihrem Hin und Her zwischen Ernsthaftigkeit und breitgrinsendem Esprit setzen sie die Schwerkraft des Eindimensionalen außer Kraft. Woraus aber speist sich das System Die Ärzte? Augenscheinlich besteht es aus drei ausgewiesenen, diametral zueinanderstehenden Charaktertypen. Hinlänglich debattiert wird seit jeher das scheinbare, längst überholte Schwarz-Weiß-Verhältnis von Bela B zu Farin Urlaub, die gemeinsam die Urzelle der Band bilden. Erschöpfend wiederholend, oftmals stereotypisiert geht es dabei zumeist um profane Äußerlichkeiten. Hier der anrüchige Jack-Daniel's-Typ, da der streberhafte Teetrinker. Komasäufer und Philosophiehungriger – der Popbetrieb liebt derlei vereinfachende Darstellungen. Das Film- und Literaturgeschäft erst recht. Gut gegen Böse, Trinkhalle gegen Abitur: Scheinbar Dividierendes lässt sich zum einen besser verkaufen als Myriaden ineinandergreifender Persönlichkeitsmerkmale. Zum anderen geht offenbar nichts über zünftige Polarisierung. Von wegen! Komplexität macht sowohl Filmhelden wie auch Musik- und Songtextkunstschaffende erst lebendig.

Zwischen Punkrock-Stammtisch und Kant-Studium gibt es entsprechend noch viel Wesentlicheres: Schöpferische Kraft. Hier gewinnt das Aufeinandertreffen von Bela B, Farin Urlaub und (seit 1993) Rodrigo González enorm an Logik. Kreativität ist das allumgreifende Leitmotiv des gruppendynamischen Langzeitexperiments Die Ärzte. Es wäre sicher reizvoll zu versuchen, dezidiert herauszufinden, woher das gestalterische Potential des Triumvirats aus Berlin exakt rührt. Werden Wahrnehmungen aufgesogen und im Nachgang gefiltert, komprimiert in Text und Musik auf smarte Weise wiedergegeben? Reflektieren Strophen und Refrains der Band jeweils primär den Zeitgeist? Dann wären sie vermutlich nicht in den ewig zirkulierenden Sprachgebrauch übergegangen. Und überhaupt: Das Konkrete macht die Lyrik klein und endlich. Die Möglichkeiten der mehrdimensionalen Ausdeutung der Sprache und ihres Gebrauchs machen die Auseinandersetzung mit Die-Ärzte-Songs erst so vergnüglich. Das lyrische Ich im Reggaeton-Song »Ich, am Strand« führt die Zuhörergedanken zunächst auf eine freudvolle Fährte, bevor es am skizzierten Werdegang arg kratzt und den Atem stocken lässt. Die Ambiguität des Songs schleicht sich erst im Nachgang ein und wirft die Frage auf, ob wir allzu selbstgefällig an Obdachlosen vorbeigehen, ohne deren Lebensgeschichten zur Kenntnis nehmen zu wollen.

Dennoch bleiben nach dem Forschen im Textkanon der Band ausreichend Fragen unbeantwortet, das Mysterium Die Ärzte lässt sich dankenswerterweise nicht gänzlich dechiffrieren. Neue philosophische Perspektiven ergeben sich, wenn das Texten mit einem Gedanken beginnt und an einem Punkt endet, den der Verfasser möglicherweise selbst nicht erwartet hat – das schöne Rütteln an Manifesten! Gesichert ist indes, dass die kreative Keimzelle Die Ärzte immer dann besondere Aufmerksamkeit erzeugt, wenn sie dem Lustprinzip folgt. Können statt Müssen ist bei dieser Band viel weniger Luxus, als man denkt. Das Motto des Bockhabens öffnet vielmehr Ideenschleusen. Wieder und wieder. Einer an sich bereits lockeren Angelegenheit wie dem *Jazz ist anders*-Album[1], wurde ein formloses »Economy Version«-Pendant nachgereicht – voller irrsinnig guter, frei improvisierter und selbstironischer Andersdeutungen der eigenen Songs. Das Umgehen starrer Popmarktgesetzmäßigkeiten bereitet der Band Freude. Es öffnet ihr zudem ein ums andere Mal die Herzen all jener, denen nach Unterhaltung ohne Bevormundung dürstet. Die gibt's bekanntlich sukzessive immer seltener. Wer gegenwärtig ein Album veröffentlicht, setzt meist alles daran, Gleichgültige zu Konsumenten zu formen. Das fängt beim »Waschzettel«-PR-Text an, in dem prätentiös-anmaßend vorgegeben wird, was der Rezipient zu fühlen und minimalaufwendig zu denken hat, wenn sie/er das »Wunderwerk« zur Kenntnis nimmt. Es endet beim sinnfreien Jubelpalavern über Abrufzahlen, die genau genommen rein gar nichts darüber aussagen, ob ein Musikstück auch gewahr genommen wird.

1 2007 erschienene Langspielplatte, die in Pizzaschachtelverpackung ausgeliefert wurde.

Wohin also mit dem Bedürfnis, das Denken und Fühlen durch das Ineinandergreifen von Text und Musik stimulieren zu lassen? Ist die Rückkehr ins heimelige Musikarchiv zu Siouxsie and the Banshees, Pink Floyd, XTC und all den anderen Helden die einzige Möglichkeit, allgegenwärtigen Verbrechen am Weltwunder Lied zu trotzen? Zum Glück gibt es Die Ärzte und ein paar weitere Leidenschaftliche. Deren Existenz gründete ursprünglich auf der reinen Begeisterung am Musikmachen, gepaart mit der Ratlosigkeit, irgendeine andere sinnvolle Lebensaufgabe zu finden. Wer so tickt, kann als Einheit praktisch nicht technokratisch in Gang gehalten werden. Früh begriffen die drei das Regelwerk des Kognitiven. Der Verstand funktioniert wie ein Regenschirm. Bleibt er verschlossen, wird's statisch. In offener Form führt er hingegen auf Wanderschaft, Entdeckungsreise, lässt staunen und mitteilen. Hier setzen Die Ärzte mit einer weiteren Besonderheit an: Ihre Songs sind Einladungen dazu, die Gedanken flitzen zu lassen. Das Wohin ist dabei fast nebensächlich. Der Radius reicht vom Sinnieren über vermeintliche Langeweile (»ACHTUNG: BIELEFELD«) bis zum Weltraum (»Motherfucker 666«). Es braucht kein Gedanken-Navi, nur Hinweise zum Begreifen von Größe und Vielfalt der Welt. Es bedarf grundsätzlich auch keiner Gebote, um von der täglichen Wahlentscheidung zwischen konstruktivem und destruktivem Handeln Gebrauch machen zu können. Wer sich Gedanken macht, begreift sich meist besser und fühlt sich anschließend vielleicht als kreatives Geschöpf wohler in der großen Gemeinschaft Menschheit.

Gedankenförderlich sind Die-Ärzte-Songtexte durchweg. Sie sollen und dürfen bestens amüsieren. Ihnen wohnen zudem beinahe immerzu tiefere Ebenen inne, die die Synapsen zum Pogo-Tanz anregen. Mindestens. Ihr Aufweichen starr-ritualisierter Musikdarreichungsformen ist Sauerstoff für Seele und Gehirn. Während das Musikmachen in vielen Kulturen ein Gemeinschaftserlebnis ist, an dem jeder aktiv teilhaben kann, werden in unseren Breitengraden Musikzäune gezogen: Hier die Macher, da die Konsumenten, denen gefälligst das Verzehren des Audiofutters obliegt. Die paritätisch agierende Einheit BelaFarinRod ermächtigt sich dankenswerterweise des Brückenbaus zwischen Sender, Empfänger und Ermutigung zur Reflexion.

Haltung

Exemplarisch für diesen Verstandskreislauf steht das Substantiv Attitüde. 1993, ein paar Jahre bevor das World Wide Web die Suche nach Sprachverständnis bequem machte, griffen vermutete Menschenmengen zum Duden. Man war hungrig danach zu erfahren, *»was Attitüde heißt«*. Der Protagonist des monolithisch immerwährenden Die-Ärzte-Songs »Schrei nach Liebe« wusste und weiß es nämlich *»höchstwahrscheinlich«* nicht. Jener Menschenhasser, der seinen Selbsthass aus Mangel an erfahrener Liebe auf andere überträgt, wurde von Bela B und Farin Urlaub mit einer treffsicheren, passend-ordinären Bezeichnung belegt: »Arschloch«. Zack! Das saß und sitzt auch über drei Jahrzehnte später noch gnadenlos-perfekt. Das Wort war klug gewählt. Wer will schon ein Arschloch sein, sprich einer, der nicht weiß, dass Attitüde Haltung meint! 1993, als die Band ihr Signetstück veröffentlichte, ging das Bild des hasserfüllten Deutschen in vollgepisster Schlabberhose um die

Welt. Den rechten Arm zum Faschistengruß ausgestreckt, stand das Foto des »Arschlochs« synonym für rassistisch motivierte Übergriffe, sei es in Rostock-Lichtenhagen, wo das Bild aufgenommen wurde, in Hoyerswerda, in Solingen oder in Mölln. Im sächsischen Hoyerswerda verübten Rechtsextreme 1991 Brandanschläge gegen die Bewohner einer Geflüchtetenunterkunft und eines Vertragsarbeiterwohnheims. Perfide nutzten Volksparteienvertreter die Stimmung im Land, um Öl in das Feuer der lodernden soziopolitischen Brände zu gießen. Jene braunen Geister der gesamtdeutschen Geschichte, die verbannt schienen, schnitten einmal mehr deutlich ihre verächtlichen Fratzen. Die Ärzte und eine mit ihnen befreundete Band aus Düsseldorf zeigten mit »Schrei nach Liebe« respektive »Willkommen in Deutschland« nicht nur klare Kante gegen Rassismus. Sie führten eine Gegenbewegung an, die ans Reflektieren appellierte. So war es damals. Und heute? Das Bewusstsein dafür, dass wir alle »Ausländer« sind, immer und überall, ist nach wie vor nicht im kollektiven Geist verankert. Unsere offenkundigen Genverwandtschaften hindern anscheinend nicht daran, einander auszugrenzen. Die Tränen, die ein anderer weint, sind ja nur Wasser. Hemmungslos wird in Gewinner und Verlierer, Reich und Arm, westliche Zivilisation und sogenannte Dritte Welt unterteilt. Die Folge: Depression und Aggression, »Wir« gegen »Die«. Stopp! Arschloch!

Mosaiksteine der Zivilgesellschaft

Das Welt- und Menschenbild, das Die Ärzte in ihren Texten vermitteln, bietet selbstverständlich keine einfachen Antworten auf komplexe Fragen an. Dafür stellt sich das viele Hauen und Stechen der Gegenwart viel zu verflochten dar. Ob Lieder überhaupt nachhaltig etwas verändern oder sogar den Lauf der Dinge beeinflussen können? Wer weiß das schon. Als Mosaiksteine einer Zivilgesellschaft, die Gesetze zum Wohl aller verfassen will, sind sie indes unabdingbar. Langspielplatten, Singles, Songs, Gedichte, Haikus erinnern uns daran, wer wir sind. Kann oder will sich jemand eine Welt ohne »Das Lied vom Scheitern« und »Dinge von denen« vorstellen? Die-Ärzte-Fans antworten selbstverständlich entschieden mit »Nein!«. Allen anderen seien die kleinen, großen, ernsten, spöttischen Gesangsstücke aus Berlin indes wärmstens empfohlen. Sie können wahlweise Haltegriffe oder wiederbelebend-freundliche Wegbegleiter sein. Ihre zeitgemäße Relevanz erschließt sich bemerkenswerterweise deutlicher, je mehr Jahre sie auf dem Buckel haben. Beispiel: »Deine Schuld«. Wer das Lied im Kopf hat und heute in der Die-Ärzte-Geburtsstadt Berlin in ein Taxi steigt, erfährt sozusagen hautnah, welchen Belang das Stück hat. Chauffeure spiegeln in 15-minütigen Monologen die tagesaktuelle, zutiefst gespaltene Lage der Nation wider. Das vorherrschende Gemisch aus Größenwahn, Aberglaube und Narzissmus kann die Seele scheinbar mühelos zersetzen. Beim Vorbeifahren an den Punkten, die diese Stadt einst teilten, klingt die Angstrhetorik so, als ob die Mauer besser wieder stünde. Was hilft dagegen? Verkrümeln? Den Dingen ihren Lauf lassen, bis die »Dinge« jedes Recht auf Freiheit dampfwalzenartig einstampfen? »Es ist nicht deine Schuld, dass die Welt ist, wie sie ist, / Es wär nur deine Schuld, wenn sie so bleibt!« Eine gesunde Dosis Die-Ärzte-Songs kann vorübergehend, aber auch nachhaltig aus dem Dickicht der Verzweiflung befreien. Beispielhaft mehrschichtig arrangiert, sind sie ein Ausbund an musikgewordener Liebe. Natürlich lassen sich in ihnen konstant die ganz großen lyrischen Momente und Neologismen finden, für die die Band seit jeher bekannt ist. »Artizukulieren«, anyone?

They believe in miracles

Reichlich investiertes Herzblut, das sich bei jedem Hören offenbart, wirkt darüber hinaus wie heilsames Gegengift zu den alltäglichen Angriffen auf das Heiligtum Menschlichkeit. Wem selbst dieses Kunststück zu wenig ist, findet, wenn sie/er sich darauf einlässt, Zeilen, die von der Vertikalen in die Horizontale und wieder zurückgeleiten. Das Hormonelle war der Band nie fremd. Es ist nicht mal abgeebbt im Laufe der Zeit. Der Volumenpegel des Stöhnens in hypermodernen Pop-Produktionen wurde um sie herum lediglich maximal aufgedreht. Das *»Sexy Thing«*[2] ist allerdings nur ein Nebenschauplatz im Themenfundus der Band. In leichte Worte verpackt, gleichsam tiefgründig gelagert, erfüllt die an sich eingängige Soulnummer »Männer sind Schweine« beispielsweise gleich zwei Ziele: Den barrierefreien Einstieg in den Refrain und das Öffnen einer Metaebene mitsamt garantiert folgendem »Aha«-Effekt. Das »Lied vom Scheitern« zeichnet hingegen Gradlinigkeit aus. Aus dem Bauch heraus formuliert der zugehörige Text: »dein Spiegelbild ist anderen egal«. Da gibt's vergleichsweise wenig auszudeuten. Apropos Deutung. Jeder Song ist auslegbar, jedes Lied ist interpretierbar. Jeder Mensch darf und soll selbstver-

2 Zitat aus dem 1975 erschienenen Disco-Hit »You Sexy Thing« der englischen Band Hot Chocolate. Dem Titel geht im Refrain die Zeile *»I believe in miracles«* voraus.

ständlich seine persönlichen Schlüsse aus Gehörtem und Gelesenem ziehen dürfen. So viel ist klar. Ansonsten wäre ja alles Bemühen ums Gedankenanstoßen Makulatur. Eine trockene Angelegenheit ist das Sinnieren über Textarchitekturen indes keineswegs. Im Gegenteil: Denken ist genauso lustfördernd wie Fühlen. *Come on!* Die-Ärzte-Songs räumen Vorstellungsgrenzen lüstern aus dem Weg. Ihnen ist es nebenbei zu eigen, dem Verharren in tradierten Klischees vorzubeugen. Uneigennützig geht die Band dahingehend nicht vor. Ohne geöffneten Panoramablick wird der eine oder anderen vielleicht weiterhin zur unmäßigen Annahme verleitet, dass Punkrockmacher die Bierfahne der Bücherwand vorzögen. Wer Bela B hört und liest, landet irgendwann übers Stöbern durch erlesene Comics und Lee Hazlewoods Werk bei Stephen King und James Robert Baker. Farin Urlaubs liedschreibende Emsigkeit bereitet den Entdeckungspfad über den Pop-Chansonnier Joe Dassin zum Philosophen Elias Canetti. Rodrigo González allumgreifende Musikalität reißt über Lennon/McCartney sämtliche Tore zur Rock- und Popliteratur auf. Gemeinsam erheben die drei keinerlei Anspruch auf etwaige Zitierfähigkeit ihrer Songs. Die Ärzte erfüllen keine Erwartungshorizonte, sie schaffen lieber beständig neue.

Ein Herz für Instrumentalisten

Zeitweilig hauen sie geradezu göttlich anmutende Bonmots wie »Musik ist älter als Kapitalismus« raus, die Liebhaber der Tonkunst vor Freude huldigend auf die Knie gehen lassen. Der Satz ist zwar ein Zitat der Betreiberin eines ehemaligen Berliner Plattenladens, den Bela B viel frequentierte. Dank des 2021 erschienenen Die-Ärzte-Songs »Kerngeschäft« darf diese feine Äußerung jedoch nunmehr breitenwirksam bestaunt werden. Das ansonsten ausschließlich selbstverfasste Text-Preziosen-Universum der Band wartet derweil im positiven Sinne mit eigensinnigen Einfällen en masse auf. Philosophische Dialektik trifft auf Poesie, die durchaus auch dadaistisch sein kann. Das Stück »Warum spricht niemand über Gitarristen« handelt zunächst von Instrumentalisten, denen scheinbar zu wenig Aufmerksamkeit geschenkt wird. In Wahrheit geht's allerdings viel mehr um Reichsbürger als um Gitarristen. Die Taktik: Der Sänger nimmt alles auf seine Saitenspielerschulter, damit sich der Zuhörer über ihn lustig machen kann. Dann geht das eigentliche Sujet, Impfgegner und sektenartige Kleingruppen, die die demokratische Rechtsordnung ablehnen, viel besser in die Köpfe. »ACHTUNG: BIELEFELD« könnte ebenso gut »ACHTUNG: MINENFELD« heißen. Ein Verdreher schleicht sich aus dem Hinterhalt in die Worte über vermeintliche Langeweile ein und lässt den Atem stocken: Eine Mutter in der kriegsgebeutelten nordsyrischen Stadt Aleppo würde sich eventuell auch ganz gern mal langweilen. Die Ohrfeige sitzt. Perfekt. Das Referenzverhalten des innovativen Dreigestirns auf das Thema Punkrock weist wiederum eine gewisse Zwanghaftigkeit auf. Zu Beginn des Albums *13* wurde die Frage erörtert, was »Punk ist …«. »Ist das noch Punkrock?« führte 14 Jahre später in die *Auch*-Platte ein. In »MORGENS PAUKEN« vom *Hell*-Werk wurde schließlich nach der denkwürdigen Zeile *»Du betrügst bei Blinde Kuh – und du likest die CDU«* sarkastisch alles zu Punk erklärt. In dem Song wird nicht nur eine Parallele zur Marketingsprache der 1990er Jahre gezogen, als plötzlich »alles rockte«. Die nunmehr allseits beliebig genutzte Worthülse »Punk« jagt sich selbst zum zynischen Paradieren auf den »Punkboulevard«.

Auf selbigem wandelte 1998 (ohne Punk!) auch die »Lady« vom Hidden Track des 13-Albums. Der Gemeinschaftssong von Rodrigo und Bela bekräftigt samt Gaga-Reimen aus dem Liedtextbaukasten eindeutig die ewigwährende Coolness-Außenwahrnehmung der Band. Die Ärzte kosten ihr Recht auf Selbstironie, wenn sie wollen, zum gesteigerten Vergnügen ihrer Zuhörer charmant und nonchalant aus. *»Wir tanzten, bis der Morgen kam. Und sie stahl mein Herz durch die Art, wie sie sich benahm«* – dieser mit allen Reimwassern gewaschene Vers aus »Lady« überführt eigentlich jede Coolness-Pose der Lüge. Gerade deshalb war und bleibt er jedoch ... *very cool, indeed*! Damit offenbart sich ein weiteres Wesensmerkmal der Band: Humor. Dieser arme Tropf war im großspurig inszenierten Maskenball Rockmusik selten willkommen. Man schaue sich nur den gemeinen Gitarristen an, der sich seltsamer Gesichtsgymnastik bedient, um plastisch-darbend besonderes Können zu suggerieren ... Ja, die große Bühne gilt weithin als eine scherzfreie Zone. Potenzdarstellungen, ewige Jugend und gottgleiches Schreiten über Bühnenbretter können die Lust am Rock ganz schön verderben. In diesem Stelldichein der Eitelkeiten fristet Humor häufiger als selten ein tristes Dasein. Er scheint gemeinhin erst einmal einen Bühnen-Asylantrag stellen zu müssen, bevor er Teil der Rockmusik-Darstellung sein darf. Dabei ist er ein Menschenrecht, ein Ausdruck von Liebe, Wertschätzung und manchmal auch von Trost. Die Ärzte waren sich dieses ungeschriebenen Gesetzes stets bewusst. »Die beste Band der Welt«? Darüber darf und soll herzhaft gelacht werden. Selbstaufwertung hat diese homogene Gruppe, die immer auch Heterogenes ausweist, nicht nötig.

Goethe sah die Sache mit der bierernsten Selbsteinschätzung voraus, als er diese weisen Worte schrieb: »Wie du kommst gegangen, so wirst du auch empfangen.« Bands, die von sich behaupten, Konzepte zu verfolgen, denen gleich noch Zweifel daran hinterhergeschickt werden, ob sie jemand versteht, werden per se ernst genommen. Die Ärzte unterlaufen hingegen den eigenen Mythos beständig. Weil sie's wollen und qua Genius können.

DÄmmerungsaktive Bühnenakteure

In welche Verkaufshitparadenhöhen sie dieser Habitus aufsteigen lässt, ist bemerkenswert. Die Ärzte tauchen prominent in den Charts auf, was ihnen selbst jedoch hier und da schon mal suspekt wurde. Aus gutem Grund: Schnöde Absatzzahlen ihrer Tonträger können das Live-Kerngeschäft der Band ohnehin kaum aufwerten. Wer die Band noch nicht live erleben konnte, hat erheblichen Nachholbedarf. Überraschungsmomente, die das Wesen des Live-Geschehens ausmachen, nimmt die Band zum Anlass, das Beste aus der jeweiligen Situation zu ziehen. Textzeilen werden spontan ausgetauscht, einzelne Wörter können Programmabläufe bestimmen. Es kam sogar schon vor, dass die drei auf dem Podium mehr palaverten, als dem Musikspielen nachzugehen. Eigentlich fehlt nur noch der Auftritt, bei dem eine komplette Setlist in Reggae-Taktung karibischer Metrik »geopfert« wird. Dann würde das Füllhorn des Grotesken überlaufen. Mögliches Vergackeiern des Publikums, das selbstverständlich die Hit-Dichte der Band erwartet, wäre eine so geartete Spinnerei dennoch nicht. Der wahre Live-Jakob liegt im Spontanen begründet. Die Ärzte kultivieren das Impulsive immer wieder aufs Neue – selbst im Stadion. Ähnlich pflegen sie ihr wertschätzendes Verhältnis zu Musikfans. Wer das vorerst letzte Album *Dunkel* erstand, vernahm im hörspielartigen Intro Auszüge des letzten Stücks der vorhergehenden Platte *Hell*. Die Botschaft der kleinen, sorgsam gestalteten Spielerei: Die Liebe zum Sujet Musik, Langspielplatte, Songnamen. Der Blick auf die *Dunkel*-Plattenhüllenrückseite offenbart, welche Detailarbeit selbst die Titelnamenfindung aufweist. Von den 19 Songs des dicht getakteten Werks tragen 18 ausschließlich Titel, die aus einem Wort bestehen. Lediglich die letzte Nummer des Albums hört auf den langen, vielsagenden Namen »Our Bass Player Hates This Song«. Das lustbetonte Spielen mit Kontrapunkten ist ein beinahe solitäres Selbstermächtigungsgut der Band und Ausdruck von Demut vor der Musik, der Kunst und dem menschlichen Verstand. An dem lässt sich bekanntlich mitunter zweifeln, weswegen Die Ärzte im Songtext zu »Demokratie (Our Bass Player Hates This Song)« – wie das Stück als Single-Auskopplung heißt – ein Stilmittel nutzen, das sie all die vielen Jahre zuvor strikt mieden: Pathos. Warum? Und weswegen missfällt der Song Rodrigo González?

Ausnahmsweise Pathos

Augenscheinlich singt Farin Urlaub in dem Stück über die Freiheit. Je weiter der Song voranschreitet, desto offenkundiger erklärt er jedoch das Verhältnis von Liberalität zu Demokratie. Die verhandelte Haltung, das Wahlrecht in diesem Land als zeitraubendes Übel zu belächeln, lässt ihn deutlich werden: *»Dein Kreuz gegen Hakenkreuze«*. Diese Eindringlichkeit ist der

Aufforderung, gegebene Freiheiten zu nutzen und an demokratischen Wahlen teilzunehmen, durchaus dienlich. Rodrigo González geht sie jedoch zu weit. Mit dem Zeigefinger hantieren, verbot sich bis dahin im Kanon der Band. Aber: Lässt das zunehmend zersetzte Gesellschaftsgefüge überhaupt etwas anderes zu, wenn es darum geht, Demokratiemüdigkeit Gewichtiges entgegenzusetzen? Nur weil auch der Bundespräsident die Worte des Songs so oder in ähnlicher Formulierung unterschreiben könnte, ist er nicht weniger relevant. Diktatoren, die jede individuelle Freiheit zum Zwecke der Machtmaximierung aushebeln möchten, erleben heute einen blassmachenden Zulauf. Deren Herrschaftsmethoden sind vergleichbar mit jenen von 1933: Es werden haltlose Feindbilder geschaffen und lügenintensive Verschwörungserzählungen fabuliert, um Wählerstimmen abzugreifen. Dabei sollte jedem mündigen Menschen längst klar sein, dass Autokratie die Folge von heraufbeschworenen Mythen ist. Umso wichtiger ist es, das Wahlrecht wahrzunehmen, das sich mutige Regimekritiker in Belarus nur erträumen können. Ohne demokratisches Gesellschaftsverständnis geht alle Freiheit, auch die des geschriebenen und gesungenen Wortes, sukzessive zugrunde. Dieses eine Mal müssen Die Ärzte die Ernsthaftigkeit des Pathos in ihrem ansonsten weitestgehend Pädagogik-freien Gesamtwerk nutzen. Da hilft kein Zetern: Freiheit ist auch Band-Demokratie, hinnehmbares Mehrheitsvotum trotzt Formbemängelung.

Panoptikum der Absurditäten

Die-Ärzte-Lyrik passt alleine schon des notwendigen Platzes wegen in keine gängigen Popsong-Formen. Drei Schreiber, drei Köpfe, drei unverwechselbare Schreibstile fordern gebührenden Raum ein. Etliche Texte entstammen der Intuition, manche entstanden während profaner Tätigkeiten wie der morgendlichen Mundhygiene oder beim Brennholzsammeln. Andere sind Reaktionen auf die Umtriebe des Popmarkts, aufs Brüllen von Parolen, toxische Männlichkeit oder auf Protestsongeigenheiten – durchweg frei von Didaktik. Der anmaßende Anspruch, nach dem Zuhörer gefälligst zu fühlen haben, was einer der drei während des Textens empfand, hat in ihrem Schaffen keinen Platz. Die Ärzte verstehen sich nicht als »Nanny-Lyriker«! Jenes Maß an Selbsterfahrenem, das den Texten zugrunde liegt, variiert entsprechend stark. Dem Öffnen ihrer jeweiligen Psychoschmuckkästchen widersetzt sich die Band am liebsten, indem sie ihre Lyrik nicht erklärt. Dennoch wühlen ihre Lieder auf, etliche ergreifen sogar gänzlich ohne Zuhilfenahme von Betroffenheitslyrik-Formeln. Wie das geht? Der gemeine Popmusikant fabuliert sich diesbezüglich gerne größenwahnsinnig zusammen, Texte von ganz oben zu erhalten. Manche reisen gar zum Grand Canyon, um dort scheinbar Texteingebungsdeals mit dem Heiligen Geist abschließen zu können. Heiliger Bimbam! Die Ärzte sind keine Esoteriker, dafür sorgt alleine schon ihr eigenhändig geschaffenes Panoptikum der Absurditäten. Wie können sie dennoch konstant Texte verfassen, die nicht zwangsläufig emotional bewegen müssen, aber unmittelbar Bewegung in Bauch und Kopf schaffen? Das Politische ist ein Teilaspekt der wortreichen Band. Fürs Anstiften der Sinne, ihre Songs mit Genuss zu erleben, sorgen hingegen neben aller unbestreitbaren Musikalität wohlformulierte Satzbauten. Dem offenkundig unendlichen Menschenverlangen nach textautorenoffenbarender Authentizität begegnen sie mit spaßbereitendem Katz-und-Maus-Spiel: Wo hört das eigene Gefühl auf, wo greift das lyrische Ich in die Gestaltung der Texthandlung ein?

Revolution und Konterrevolution

Frage: Wer ist dieser körperlose Typ eigentlich, den man das lyrische Ich nennt? Erklärung: Gefühle lassen sich selten dergestalt synthetisieren, dass sie glaubwürdig vermittelbar sind. Das lyrische Ich erlaubt und fördert hingegen sogar die Freiheit des Thematisierens nicht selbsterlebter Empfindungen. Das mitunter erbarmungslose Eindenken in scheinbar erhabene und vermeintliche arme Wichte oder in dauerglückliche und lebensmüde Menschen, kann die Glaubwürdigkeit von Songtexten unterstützen. Nicht zwangsläufig die Selbsterfahrung spiegelt die Ernsthaftigkeit des Lyrikers, sondern das verlässliche Erforschen der dargestellten Protagonisten. Dieses Unterfangen kann fallweise richtiggehend bestürzend auf Texterbauer wirken. Zum Glück lässt sich das reputable lyrische Ich in Phasen, die den Texter charakterforschend schlecht schlafen lassen, abstreifen. Andererseits: Wer will schon tollkühn behaupten, Popkreativität sei ein allzu leichtes Unterfangen! Was von ihr dauerhaft bleibt, ist letztendlich egal. Ein Song ist eine Momentaufnahme, ein in kurzen Zeitfenstern artikulierter Gedanke, eine Geste. Das Paktschließen mit dem Wunsch nach Unsterblichkeit setzt ein Lied nicht voraus. Über die Popeinheit Die Ärzte schreiben zu dürfen bereitet nicht zuletzt gesteigertes Vergnügen, weil sie sich ihres Staubkorndaseins im großen Ganzen bewusst sind. Bela B, Farin Urlaub und Rodrigo González sind ihre eigene Initiative und Gegeninitiative, sie stehen zu sich selbst wie Revolutionäre und Konterrevolutionäre. Wird ihnen das hiesige Rockstardasein zu flauschig, verziehen sie sich. Manchmal ganz weit weg, um musikfreien kreativen Herausforderungen nachzugehen: *»Up, up and away«*.

Schrittmacher ohne Sterilisierung

Sind sie wieder zurück in Berlin, geht's weiter mit der Pop-Panoramaerweiterung. Der Kosmos dieser Band ist riesengroß, ineinander verwoben, konfus, selbstbezüglich und mit Fremdzitaten belegt – allen Festlegungsversuchen zum Trotz. Die Ärzte spielen begehrlich mit Ambivalenzen. Selbsternannte Popexperten versuchen seit geraumer Zeit, eine Erklärung für die fortwährende Relevanz der Band zu finden, der es konstant gelingt, nachwachsende Generationen anzusprechen. Ein gleichbleibendes Rätsel lautet: Wie schaffen die Drei das nur, ohne es darauf anzulegen? Die eindeutige Antwort nimmt die Frage vorweg: Die Ärzte versuchen erst gar nicht zu gefallen. Jeder hat nur ein Leben, *»wenn's vorbei ist, ist's vorbei«*, wie die Band singt. Soll man es sich von Marketingstrategen einengen lassen, die Zielgruppen ausmachen, denen möglichst zugearbeitet werden soll? Das Grauen, das die Kreativen sterilisiert, war für Die Ärzte bereits überholt, als sie sich zusammentaten – beflügelt vom normabweichenden Pioniergeist, den sie gewiss mit Einstein teilen. Oder ist Physiktheorie etwa kein Punk?

Michael Loesl

Diskographie

Studioalben

Debil (1984, CBS / Sony Music)
Im Schatten der Ärzte (1985, CBS / Sony Music)
Die Ärzte (1986, Columbia / Sony Music)
»Das ist nicht die ganze Wahrheit ...« (1988, CBS / Sony Music)
Die Bestie in Menschengestalt (1993, Metronome / Hot Action Records)
Planet Punk (1995, Metronome / Hot Action Records)
Le Frisur (1996, Metronome / Hot Action Records)
13 (1998, Hot Action Records)
Runter mit den Spendierhosen, Unsichtbarer! (2000, Hot Action Records)
Geräusch (2003, Hot Action Records)
Devil (2005, Columbia / Sony Music – Wiederveröffentlichung des *Debil*-Albums)
Jazz ist anders (2007, Hot Action Records)
auch (2012, Hot Action Records)
HELL (2020, Hot Action Records)
DUNKEL (2021, Hot Action Records)

Compilations

Ist das alles? – 13 Höhepunkte mit den Ärzten (1987, CBS / Sony Music)
Ab 18 (1987, Columbia / Sony Music)
Das Beste von kurz nach früher bis jetze (1989, CBS / Sony Music)

Bäst of (2006, Hot Action Records)
They've Given Me Schrott – Die Outtakes (2019, Hot Action Records)

Livealben

Nach uns die Sintflut (1988, CBS / Sony Music)
Wir wollen nur deine Seele (1999, Hot Action Records)
Rock'n'Roll Realschule – MTV Unplugged (2002, Hot Action Records)
Die Nacht der Dämonen (2013, Hot Action Records)

EPs & Sonderveröffentlichungen

Zu schön, um wahr zu sein! (1983, Schnick Schnack / Vielklang)
Uns geht's prima … (1984, Schnick Schnack / Vielklang)
1, 2, 3, 4 – Bullenstaat! (1995, Hot Action Records)
5, 6, 7, 8 – Bullenstaat! (inklusive 1,2,3,4 – Bullenstaat!, 2001, Hot Action Records)
Männer haben kein Gehirn (2001, Hot Action Records – Hörbuch, nur als Download erhältlich)
Jazz ist anders – Economy Version (2007, Hot Action Records)
Nummus Cecidit (2022, Hot Action Records)

Notizen

Notizen

Notizen

Notizen

Notizen